L'ÉVEIL DU BOUDDHA

SAGESSES DU MONDE

L'ÉVEIL DU BOUDDHA

PHILOSOPHIE ET MÉDITATION
LA VOIE DE LA LUMIÈRE
LIEUX SACRÉS

TOM LOWENSTEIN

EVERGREEN

EVERGREEN is an imprint of
TASCHEN GmbH

Traduction de l'anglais:
Philippe Corun
Postface: Olivier Germain-Thomas

Couverture:
Catinka Keul, Cologne

Printed in Singapore
ISBN 3-8228-5439-5

Table des matières

Introduction 6

La jeunesse du Bouddha 8

La naissance du futur Bouddha 10
Les quatre découvertes 12
L'errance sans foyer 14
Karma et *samsara* 16

L'Éveil 18

La lutte pour l'Éveil 20
Le rappel des vies passées 22
L'Éveil du Bouddha 24
La Voie médiane 26
Les trois caractéristiques de l'existence 28
La loi de Causalité 30

De l'Éveil à la mort 32

Après l'Éveil 34
Le contexte social et religieux 36
Jaïns et bouddhistes 38
Les débuts de la communauté religieuse 40
Récits du vivant du Bouddha 42
La méditation bouddhiste 44
Le Bouddha et le surnaturel 48
Les derniers jours du Bouddha 50

L'Inde ancienne et le bouddhisme Mahayana 52

Après le *parinirvana* du Bouddha 54
Le bouddhisme dans la société 56
L'empereur Ashoka 58
La croissance du Mahayana 60
La perfection de Sagesse 64

Le Theravada ou bouddhisme du Sud 66

L'établissement du bouddhisme à Sri Lanka 68
Le bouddhisme Theravada à Sri Lanka 70
La diffusion du Theravada 72
Moines et laïcs dans le bouddhisme Theravada 74
Les monuments bouddhistes de l'Asie du Sud-Est 76

Le bouddhisme en Chine 78

La diffusion du bouddhisme vers l'Orient 80
Le confucianisme 82
Le taoïsme 84
Les débuts du bouddhisme en Chine 86
La période de familiarisation en Chine 88
Les écoles T'ien-t'ai et de la Guirlande de fleurs 90
L'école de la Terre pure 92
Le Tch'an, l'école de la méditation 94

Le bouddhisme au Japon 98

Le shintô : la voie des dieux 100
L'influence chinoise au cours de la période de Nara 102
Le bouddhisme Tendai 104
L'école Shingon de Kukai 106
La Terre pure au Japon 108
Nichiren 110
Les débuts du Zen 112
Le Zen Rinzai : l'étude des *koans* 114
Le Zen Soto : Dogen 116
Le Zen Soto : la pratique de Dogen 118
Le Zen et les arts 120

Le bouddhisme au Tibet 124

Le Tibet prébouddhique et la religion Bön 126
Moines et lamas 128
Les écoles bouddhistes tibétaines 130
L'univers bouddhiste 132
Le bouddhisme tantrique 134
Le Vajrayana 138
Les déités tantriques 140
Mandalas et *yantras* 142
Les symboles du *mandala* 146

L'arrivée du bouddhisme en Occident 148

Les premiers linguistes européens 150
L'orientalisme du XIXe siècle 152
Le bouddhisme en Amérique du Nord 154
La diffusion du bouddhisme en Europe 156
Le développement du bouddhisme en France 158

Annexes documentaires 160

Quelques sites bouddhiques 161
Cinq grands maîtres modernes 166
Carte de l'Asie 168
Adresses utiles 170
Glossaire 172
Postface *174*
Index 176
Crédits photographiques 184

Introduction

Le *dharma*, la doctrine que le Bouddha Shakyamuni (le Sage du clan Shakya) enseigna au VIe siècle avant J.-C., est l'une des grandes religions du monde, avec son histoire longue de quelque 2 500 ans. Originaire du nord de l'Inde, le bouddhisme s'étendit en mille ans à Sri Lanka, en Chine, en Asie du Sud-Est, au Japon et au Tibet. Le Bouddha lui-même prédit, en harmonie avec sa vision du caractère transitoire de l'existence, que son enseignement déclinerait à certaines époques avant de fleurir à nouveau. Il est d'ailleurs frappant de voir qu'ayant décliné dans certaines régions de l'Asie, il se soit simultanément enraciné en Europe et en Amérique du Nord.

Bien que l'intérêt pour le bouddhisme se soit affirmé à l'Ouest depuis la fin des années 60, le *dharma* demeure néanmoins une religion orientale. Pourquoi alors cet attrait des Occidentaux pour le bouddhisme ? Peut-être et surtout parce que le Bouddha – souvent décrit comme le « grand médecin » – offre un diagnostic de la souffrance expérimentée par tous les êtres humains et préconise un mode de vie qui mène, à travers l'effort individuel, à la fin de cette souffrance. D'autre part, la voie bouddhiste propose un code moral élevé fondé sur la compassion et la non-violence, sans exiger la foi en une déité que les Occidentaux trouvent de plus en plus difficile à concevoir. Dans la pratique de la méditation, le bouddhisme offre des moyens d'auto guérison simples et accessibles bien qu'exigeants, qui mènent à la libération spirituelle. Enfin, le bouddhisme, dans ses multiples formes, stimule l'intellect et recèle un vaste héritage artistique. Il n'est donc pas étonnant qu'il ait pénétré la vie religieuse, intellectuelle et artistique occidentale.

Mais qu'est-ce que le bouddhisme ? Les enseignements des écritures pali originelles (voir p. 71), le *dharma* altier et complexe du Tibet ou bien la très exigeante vision du Zen ?

Ce livre se propose d'offrir un aperçu de la pensée bouddhiste indienne, puis d'esquisser son développement à travers l'Asie. Chaque chapitre couvre des domaines représentatifs de la pratique bouddhiste dans les régions principales où il s'est développé.

Le dernier chapitre montre comment le bouddhisme a pénétré la société occidentale, depuis son introduction au XIXe siècle jusqu'à ses formes contemporaines en Europe et en Amérique du Nord. La plupart des traditions classiques du bouddhisme sont représentées et les pratiquants occidentaux, sous la direction de maîtres orientaux, ont à présent établi des monastères et des centres de méditation au-delà des frontières asiatiques. Examinant ce que le bouddhisme apporte en tout premier lieu, beaucoup de bouddhistes trouvent que leur pratique leur permet de s'ouvrir au monde d'une manière vivante, confiante et directe. Une expression en est l'engagement croissant des bouddhistes occidentaux dans des projets d'aide aux sans-domicile, aux malades du sida, dans les aumôneries des prisons et dans la protection de l'environnement. Le bouddhisme enseigne l'interdépendance de tous les êtres. Il reconnaît également leur souffrance inéluctable. Mais le pouvoir du *dharma* gît dans sa capacité d'alléger cette souffrance en développant la sagesse et la compassion telles que le Bouddha les enseigna.

Le stupa *(reliquaire bouddhiste) de Swayambhunath à Katmandou, au Népal. Les* stupas, *originaires de l'Inde, se multiplièrent à travers l'Asie bouddhiste. Ils sont les symboles de l'accomplissement du Bouddha. La représentation unique des yeux « qui voient toute chose » sur ce* stupa *ajoute la notion de la Sagesse du Bouddha : la vision de la réalité et la compassion parachevées dans sa méditation d'Éveil.*

La jeunesse du Bouddha

Dans la plupart des religions, des récits content l'origine du monde ou la naissance et les exploits de dieux et de héros. Et nombreuses sont les religions asiatiques qui, tels l'hindouisme et le bouddhisme, se rapprochent les unes des autres, donnant l'impression aux esprits modernes d'un lien étroit entre les idées anciennes. Les anciennes légendes bouddhistes appartiennent pour la plupart aux traditions populaires. Les récits entourant la naissance du Bouddha ne sont peut-être devenus bouddhistes que lorsque les bouddhistes eux-mêmes se les attribuèrent. Beaucoup de doctrines bouddhistes émergent de même d'un contexte partagé. La croyance selon laquelle la renaissance est liée au *karma* (les actions passées) était répandue en Inde au VIe siècle avant J.-C. Également commune était l'idée que l'ascétisme permettait d'échapper aux renaissances ; qu'en abandonnant la société conventionnelle, on pouvait parcourir une voie menant au salut. De telles idées étaient nées de la constatation du caractère insatisfaisant de la vie et de la corruption propre au complexe corps-esprit. Discipliner le corps et purifier l'esprit permettait d'atteindre la connaissance des valeurs ultimes, ce qui amenait la délivrance de la souffrance des renaissances. La pensée du Bouddha repose sur certains aspects de ces croyances, mais son génie réside dans son diagnostic : comment il est possible de réaliser un bonheur moral dans ce monde chaotique.

Fresque du XIXe siècle au temple Wat Phra Tadt Suted en Thaïlande, montrant l'offrande de nourriture au Bouddha pour le soutenir durant sa longue méditation

La naissance du futur Bouddha

Bas-relief gréco-bouddhiste de Gandhara (Afghanistan moderne) représentant la naissance du Bodhisattva (futur Bouddha). Mahamaya se tient à l'arbre tandis que le Bodhisattva sort de son flanc.

Le Bouddha historique naquit vers 566 av. J.-C., dans une famille de haute caste de la république Shakya, dans les collines situées au pied des Himalayas, au sud du Népal actuel. Au sud s'étendent les régions prospères de la plaine du Gange. Le territoire des Shakya fut absorbé durant la vie du Bouddha par l'un de ces États du nord de l'Inde en expansion.

Tout ce que l'on connaît de la naissance du Bouddha vient de légendes rapportées des siècles après sa mort. Le futur Bouddha avait pour nom Siddharta Gautama. Fils de la reine Mahamaya et du roi Suddhodana, sa naissance fut précédée d'événements surnaturels. Tout d'abord, la reine Mahamaya rêva qu'enlevée par des esprits sur un haut plateau, elle s'étendait sous un arbre où un éléphant royal blanc tournait trois fois autour d'elle avant d'entrer en son sein. Le rêve, interprété par les prêtres de la cour, la préparait à la naissance d'un héros. La naissance elle-même fut un événement miraculeux. Elle survint non pas dans la cité royale de Kapilavastu mais dans un bosquet d'arbres à Lumbini alors que la reine se rendait en visite dans sa famille. À l'approche du plus noble des arbres, elle en agrippa une branche. L'arbre s'inclina vers elle et, se tenant à la branche, la reine accoucha debout.

La légende rapporte que le futur Bouddha naquit en pleine conscience. Faisant sept pas et s'adressant à chacun des quatre quartiers du monde, il dit : « Je suis né pour l'Éveil. C'est ma dernière naissance dans ce monde phénoménal. » Cet épisode significatif préfigurait le souci du futur Bouddha à l'égard du phénomène de la naissance. « La naissance, la maladie, la vieillesse et la mort sont souffrance », disait-il. Sa propre naissance était la dernière étape de sa progression vers l'extinction *(nirvana)*, après une longue série d'incarnations.

Détail de la porte est du stupa *de Sanchi (Ier siècle ap. J.-C.), dans le Madhya Pradesh, montrant un génie des arbres suspendu à un manguier*

LA REINE, LE BOUDDHA ET L'ARBRE

Les représentations bouddhistes primitives montrent la reine Mahamaya sous un arbre, rappelant beaucoup les représentations féminines de génies des arbres de la même époque. Une telle iconographie suggère que la naissance du Bouddha est associée aux anciens cultes de la nature.

La voluptueuse dryade des arbres, représentée au grand *stupa* bouddhiste de Sanchi, est un célèbre exemple de la coïncidence fréquente entre les symboles bouddhiques, hindous et populaires.
Dans les sculptures bouddhiques primitives, le Bouddha lui-même n'est jamais représenté. Sa présence est seulement signalée par un trône ou des empreintes de pieds, et son Éveil par un arbre.

ÊTRE ROI OU SAGE ?

La naissance de Siddharta Gautama fut un événement de portée universelle. Les dieux et les esprits célestes répandirent leurs bénédictions sur lui. Les rois-serpents du sous-sol lui lancèrent des fleurs. La terre trembla, les créatures dangereuses cessèrent de causer des maux et les humains guérirent de leurs maladies.

Les conseillers du roi Suddhodana prédirent deux destinées possibles pour son fils. Il pourrait quitter le palais pour la forêt et devenir un grand maître spirituel ou bien il deviendrait un empereur universel (*cakravartin*, « celui qui tourne la roue du pouvoir »).

Dans six de ses vies passées, le Bouddha avait été un *cakravartin*, et à sa naissance, il portait sur le corps les « trente-deux marques d'un grand être », dont l'une était une roue sur la plante des pieds. La roue est un symbole de royauté. Ainsi, dans la plupart de ses représentations, le dieu hindou Vishnu porte une arme-roue. Bien que le Bouddha eût renoncé à la royauté, la roue continua d'exprimer son autorité spirituelle et devint le symbole de sa doctrine. Le premier discours du Bouddha fut précisément appelé « la première mise en mouvement de la roue du *dharma* [ou loi] ».

Un roi-serpent, ou naga, *d'un centre monastique de Sri Lanka, VIII-IXe siècle ap. J.-C.*

Empreintes de pieds portant les marques de bon augure, représentant symboliquement le Bouddha

Les quatre découvertes

Le mot sanscrit et pali *Buddha* signifie « éveillé, illuminé ». Par conséquent, ce n'est qu'après son illumination (voir p. 24-25) que l'on peut appeler Siddharta « le Bouddha ». On l'appelle plus fréquemment le Bodhisattva (un être éveillé destiné au *nirvana*). Il existe quelques légendes sur l'enfance du Bodhisattva, mais la plupart passent directement de sa naissance à sa décision de quitter le palais pour explorer la nature de l'existence.

Ce « grand départ » avait été prédit par les brahmanes (prêtres) de Suddhodana. Gardant cela à l'esprit, le roi – effrayé à l'idée de perdre l'héritier de son royaume – maria Siddharta à Yasodhara et consigna le prince dans les étages supérieurs du palais où des musiciennes « l'enchantaient de leurs douces voix et de leurs badinages ».

Mais Siddharta était impatient de voir le monde. Le roi lui permit une excursion dans le parc royal mais interdit la présence de toute personne affligée sur la route menant aux jardins.

Les dieux (qui jouent un rôle secondaire dans la légende bouddhiste) saisirent l'occasion pour montrer un signe à Siddharta. Ils changèrent l'un d'entre eux en vieil homme décrépit et le montrèrent au futur Bouddha. « Ami, demanda le Bodhisattva à son cocher, qui est cet homme ? »

À l'explication de la vieillesse, il s'écria : « Honte sur la naissance, puisque tous ceux qui naissent doivent devenir vieux ! » Et il revint en ses appartements sans visiter le parc.

Siddharta, accompagné de son palefrenier, lors de son grand départ de la cour. Peinture chinoise du xᵉ siècle, Dun Huang.

Le Bodhisattva faisant l'expérience des quatre constats, fresque du temple Wat Phra Tadt Suted à Chian Maï, en Thaïlande, datant de 1383 ap. J.-C.

LE GRAND DÉPART

L'épouse de Siddharta lui donna un fils, Rahula. Mais cela ne fit que renforcer la décision de Siddharta de tout quitter. Entendant une femme chanter le bonheur royal, il se dit : « Le bonheur est assurément ce que je recherche. Je dois à présent quitter le monde en quête du bonheur. »

Ce soir-là, une dernière prise de conscience provoqua la fuite de Siddharta. S'étant assoupi parmi ses musiciennes, il se réveilla et les trouva endormies autour de lui. « Certaines étaient étendues, le corps plein de sueur ; d'autres gisaient grinçant des dents ou marmonnaient en dormant ; d'autres encore avait la bouche ouverte ou étaient étendues leurs habits défaits, révélant leur nudité. Le somptueux appartement commença à ressembler à un charnier rempli de cadavres. "Combien tout ceci est oppressant et étouffant !" Il appela son cocher et s'apprêta à quitter le palais. Mais avant son départ – afin de gagner pour lui-même l'état immortel du *nirvana* – il visita les appartements de Yasodhara. « Dans la chambre reposait son épouse, la main posée sur la tête de son fils. "Si je soulève la main de ma femme, se dit-il, elle s'éveillera et m'empêchera de partir. Je dois d'abord atteindre l'Éveil puis revenir voir mon fils." »

Siddharta faisant ses adieux à son épouse et à son fils avant de partir. Fresque du XIVe siècle du temple Wat Phra Tadt Suted en Thaïlande.

LA PREMIÈRE EXPÉRIENCE DE MÉDITATION

Selon un célèbre poème sanscrit, le prince fit l'expérience d'un quasi-éveil avant le grand départ. Lors d'une de ses excursions, Siddharta voyant quelques laboureurs manier la charrue remarqua la multitude de petites créatures tuées ou blessées dans les sillons. Puis regardant les corps épuisés des laboureurs, il fut submergé par la compassion et s'assit à terre. Son esprit s'apaisa et il atteignit alors l'état de méditation qui procure la félicité. « Il est atroce que l'homme, dans son ignorance, ne porte aucune attention aux créatures qui, comme lui, sont enchaînées, sans espoir, à la naissance, la souffrance et la mort ! ». C'est ainsi, dit le poète, qu'il obtint un aperçu de l'éveil.

De semblables événements arrivèrent lors des excursions suivantes. Lors de ses seconde et troisième sortie, les dieux montrèrent au prince l'apparence d'un homme malade et d'un cadavre. Lors de sa dernière visite, il vit un ascète errant, parfaitement serein. « Qui est-ce ? » demanda-t-il à son serviteur. « Seigneur, voici un homme qui s'est retiré du monde. » La pensée d'un tel retrait plut au prince.

En dépit des précautions paternelles, Siddharta avait donc perçu les réalités de la souffrance humaine et renonça définitivement à la vie d'un chef de famille pour rechercher le salut en ascète errant.

L'errance sans foyer

En bas à gauche, le Bodhisattva avec ses deux maîtres ; en haut à gauche, le Bodhisattva épuisé avec les cinq ascètes. Manuscrit peint birman du XVIIIe siècle.

Deux étapes principales menèrent le Bodhisattva à l'Éveil. Ayant renoncé à la vie familiale et à la religion brahmanique, le Bodhisattva – comme beaucoup de ses compagnons en recherche – adopta la vie du mendiant « qui laisse son logis derrière lui », la tête rasée, portant la robe et le bol du mendiant.

Dans la première étape de sa vie ascétique, il se dirigea successivement vers deux maîtres de méditation. Le premier, Alara Kalama, entraînait son esprit à atteindre « la sphère du néant ». L'autre, Uddaka Ramaputra, enseignait un sentier de méditation vers un état de « ni connaissance ni non-connaissance ». Le Bodhisattva maîtrisa rapidement ces deux techniques mais il réalisa qu'elles ne le menaient pas au terme de sa recherche de la vérité. Déclinant l'invitation d'Uddaka qui désirait devenir son disciple, il reprit seul sa quête.

Il franchit alors une seconde étape : une période de dures austérités. Considérant le corps et ses désirs comme un obstacle à la réalisation spirituelle, la plupart des pratiques religieuses du VIe siècle av. J.-C. en Inde prônaient l'abnégation soi. On croyait également que les pratiques ascétiques difficiles, violentes et prolongées développaient l'énergie spirituelle (*tapas*, la chaleur mystique) qui apportait au yogi (l'adepte spirituel) des pouvoirs supranormaux tels que la clairvoyance, la lévitation, l'invisibilité, l'ubiquité, la capacité de guérir et de voyager à travers les solides. Ces pouvoirs sont également ceux attribués aux chamanes des sociétés tribales après leur initiation. Pendant six ans, le Bodhisattva, en compagnie de cinq autres mendiants, s'adonna aux austérités afin d'obtenir un complet contrôle sur le corps et l'esprit.

« Je porterai les austérités au plus haut », pensa le Bodhisattva, et il essaya des techniques telles que vivre d'une seule graine de sésame ou d'un grain de riz par jour. Parfois, il ne prenait aucune nourriture et repoussait les dieux qui tentaient de lui infuser de la nourriture par la peau. Mais ces six années d'austérités – durant lesquelles son corps devint complètement émacié et noir – furent « comme passer son temps à capturer l'air dans des nœuds ». Ayant décidé que « ces austérités ne sont point la voie qui mène à l'Éveil », il partit mendier de la nourriture dans les villages et les villes et s'en contenta. Les 32 caractéristiques d'un grand être réapparurent, et « la couleur de sa peau devint comme de l'or ». Telle fut la seconde étape de la quête du Bodhisattva.

Représentation du Bodhisattva jeûnant, émacié, dans un temple près de Phnom Penh, au Cambodge

Le Bodhisattva en méditation sur une fleur de lotus. Statuette en bronze doré dans le style Pala.

L'ASCÉTISME

Dans l'Inde ancienne, l'ascétisme était lié au développement des pouvoirs magiques. Là où la vie en société conduisait à une existence familière et ordinaire, les austérités devaient induire le développement de pouvoirs supranormaux *(siddhis)*. Pour le Bouddha, la retenue personnelle est une expression de la conscience éveillée comme de la compassion. D'autre part, un esprit préoccupé par le plaisir manque de profondeur, de subtilité et de liberté, qualités nécessaires à l'appréhension de la réalité. Mais le Bouddha nous mit aussi en garde contre tout ascétisme extrême (voir p. 26, 35).

Bien qu'extérieurement la vie monastique paraisse ascétique, la discipline, pour la plupart des moines bouddhistes, est une source de bonheur et non une privation.

Karma et *samsara*

La théorie selon laquelle les hommes et tous les autres êtres sensibles sont piégés dans une série interminable de naissances insatisfaisantes sous-tend la quête du Bodhisattva à la recherche d'un « état sans mort du *nirvana* ». De nombreux peuples tribaux anciens partageaient la croyance que les âmes transmigraient d'une vie à l'autre : après la mort, les âmes humaines et animales pouvaient continuer à vivre dans l'air, l'eau, ou bien se diriger vers une maison des âmes avant de renaître sous une forme humaine ou animale. Au cours du IIe millénaire av. J.-C., les peuples aryens du nord s'établirent au nord-ouest de l'Inde et développèrent la religion brahmanique d'où provient l'hindouisme. Ces peuples croyaient en un au-delà permanent et immortel dans le « monde des pères ». Mais au VIIe siècle av. J.-C., la doctrine de la transmigration, modifiée par les idées indiennes, réapparut et se généralisa.

La compréhension indienne de la transmigration à l'époque du Bouddha (566-483 av. J.-C.) est résumée par le mot sancrit *samsara* qui signifie littéralement « errance perpétuelle » et se rapporte au voyage des âmes à travers une infinité de vies non souhaitées. Même les dieux, selon les bouddhistes, devaient mourir, remplacés par d'autres dieux dans des cieux temporaires. Ce cycle mécanique de morts et de renaissances prenait place dans un univers lui-même sujet à la destruction et à la recréation.

Tous les êtres étaient gouvernés par une loi déterminant leur place dans ces changements cosmiques : la loi du *karma* (littéralement « action, œuvre »). Selon la doctrine du *karma*, toute action impliquait la concrétisation, dans l'âme ou la structure de la personnalité, d'un mérite spirituel ou d'un démérite. Une bonne action était suivie de mérite, ce qui avait pour résultat une renaissance favorable. Une mauvaise action, intentionnelle ou non, menait à une renaissance défavorable.

Mais un comportement social parfait – dans la vie domestique, le gouvernement, le commerce ou même la prêtrise – n'était pas une garantie contre la renaissance. Seuls les ascètes, complètement détachés des liens sociaux et indifférents au corps, pouvaient se libérer du *samsara* et atteindre la connaissance de la vie et l'état d'esprit qui les mèneraient au *nirvana*. Les lois du *karma* et du *samsara* ont aujourd'hui encore une puissance psychologique pour les bouddhistes comme pour les non-bouddhistes, indépendamment de la doctrine des renaissances.

Le dieu hindou Shiva, « roi de la danse », maniant tambour et feu, un pied posé sur le nain de l'ignorance. Le feu qui l'encercle suggère le déploiement de la nature que maintient la danse de Shiva. Mais Shiva est également le destructeur de l'illusion et du cycle cosmique qui est l'universalisation de l'expérience samsarique de l'âme personnelle. Hindous et bouddhistes ont ainsi un but commun : la fin de l'ignorance et des renaissances. Bronze du Xe siècle, Inde du Sud.

L'entrée du Bouddha en nirvana, *avec toute la création en deuil. Le* nirvana *est représenté, selon la manière du bouddhisme de la Terre pure, comme une sorte de paradis. Peinture japonaise du* XVIIIe *siècle, école de Kosé.*

NIRVANA

Les premiers bouddhistes considéraient le *nirvana* comme la seule échappatoire authentique au *samsara*. Le mot sanscrit signifie « extinction », comme une flamme soufflée. Bien qu'il apparaisse dans les textes hindous, *nirvana* est primitivement un terme bouddhiste. Le but du saint brahmanique ou hindou était de purifier l'âme de son *karma* jusqu'à ce que l'âme individuelle *(atman)* s'identifie à l'âme universelle *(brahman)* et s'y unisse. Le Bouddha enseigna une doctrine différente, celle du « non-soi » ou de la « non-âme » (*anatta*, voir p. 28-29). Dans ce contexte, le *nirvana* était une condition uniquement expérimentée par celui qui a éliminé le soi et toute notion s'y rapportant. Tandis que le *samsara* est vécu par tous, dans toutes leurs vies, le *nirvana* est au-delà des mots ordinaires ou des concepts. Selon les mots du Bouddha, il s'agit de « la Paix, l'Absolu, la fin des artifices de la personnalité humaine, la fin de toute trace de ce qui pourrait renaître, la mort du désir, le détachement, l'Extinction ». Alors que le *samsara* concerne la renaissance perpétuelle, le *nirvana* est « non né, sans origine, incréé, non formé. Si le non-né, l'incréé, le sans-origine, le non-formé n'existait pas, il ne serait pas possible d'échapper au monde du né, du créé et de la forme. »

L'Éveil

Les récits de l'Éveil du Bouddha comportent deux parties principales. La première traite de la lutte intérieure du futur Bouddha qui mortifie son corps puis subit les assauts du malin au début de sa méditation d'éveil. Bien qu'exprimée sous une forme folklorique, cette étape n'en est pas moins une histoire intensément humaine. Le Bouddha n'est pas un surhomme ; point de lumière révélatrice jaillissant soudain sur lui. L'Éveil ne survient que lorsqu'il a été le témoin des ténèbres de la négativité universelle et les a transcendées. La seconde étape prend donc place dans une sérénité atteinte plutôt que donnée.

La liberté du Bouddha par rapport au soi, et sa connaissance de la vérité – condition décrite comme *nirvana* – émergent de son équanimité durement gagnée. C'est à ce moment que le Bodhisattva (le futur Bouddha) devient le Bouddha (l'éveillé). La connaissance révélée dans sa méditation devint le cœur de sa doctrine : la Voie médiane, chemin sans extrêmes qui demande la reconnaissance des « choses telles qu'elles sont ». Elle comprend les quatre vérités sur la souffrance humaine qui sous-tendent tous les enseignements bouddhistes. Ces formulations des premiers temps sont aisées à comprendre intellectuellement. Mais la compréhension intuitive de la révélation bouddhiste nécessite examen, étude et méditation.

Les fidèles ont déposé des soucis sur les empreintes de pieds du Bouddha à Bodhgaya, le lieu de l'Éveil du Bouddha. Dans les représentations de l'Inde ancienne, le Bouddha n'était jamais dépeint comme un homme. Ici, les deux pieds enclos dans des pétales de lotus stylisés suggèrent qu'ils émergent du lotus de la sagesse et de la pureté.

La lutte pour l'Éveil

Le Bodhisattva était arrivé près de la rivière Nairanjana, un affluent du Gange. Il sut que le temps était venu pour l'étape finale de sa quête d'éveil. En 531 av. J.-C., à 34 ans, il avait épuisé trois grandes sphères d'expérience : le luxe outrancier de la vie de palais, l'enseignement de deux grands yogis et, pour finir, l'ascétisme extrême. Il avait renoncé à toutes, mais chacune s'intégra à la connaissance d'où jaillit son éveil.

Arrivé près d'Uruvela, le Bodhisattva cessa de chercher un endroit propice à la méditation. C'était le jour de la pleine lune et la jeune Nandabala avait projeté de faire une offrande à l'arbre pipal sacré que, sans qu'elle le sût, le Bodhisattva avait choisi pour lieu de méditation. Portant un plat de riz au miel, la jeune femme marchait sur les berges de la rivière quand, au pied de l'arbre, elle découvrit le futur Bouddha. Sentant qu'il s'agissait d'un saint homme, elle lui adressa directement son offrande. « Puissent vos vœux être exaucés comme les miens », dit-elle, avant de le quitter. Le futur Bouddha se leva, marcha autour de l'arbre suivant la course du soleil (le sens des aiguilles d'une montre), alla se baigner dans la rivière, regagna son siège du côté est de l'arbre et mangea le riz. Faisant le vœu de demeurer là jusqu'à l'atteinte de l'Éveil, il s'assit les jambes croisées sur le « trône de sagesse » et pendant les 49 jours qui suivirent, il ne bougea pas et ne prit aucune nourriture.

Son Éveil fut précédé d'une vision d'une intensité démoniaque, l'assaut de Mara, « le malin », « l'ennemi du *dharma* ». Les premiers bouddhistes identifiaient Mara à Kama, le dieu hindou de la sensualité. Mara apparut sous cette forme, avec ses flèches à la pointe fleurie qui excitent le désir et ses trois filles sensuelles. Il essaya en vain de détourner le Bodhisattva de sa concentration. Alors Mara fit appel au sens du devoir du prince : « Lève-toi, ô guerrier ! Suis le *dharma* de ta caste ! Renonce au *dharma* de la libération ! Il est inconvenant pour un prince de vivre tel un mendiant ! ».

Rendu furieux par son échec, Mara lâcha son armée pour saper la tranquillité du Bodhisattva. Des démons grotesques – les uns grêlés, difformes et la panse tombante, d'autres au visage tordu ou à demi rongé, et d'autres encore vêtus de serpents, hérissés, bondissant, sautant d'arbre en arbre, la chevelure lançant du feu – affluèrent

Un siège vide sous l'arbre de la bodhi *(éveil) symbolise le Bouddha. Il est protégé par la déité-serpent Muchalinda.*

Détail d'une tenture murale thaïlandaise du XIXe siècle, montrant la victoire du Bouddha sur Mara, le malin

au pied de l'arbre pipal. Alors la nuit tomba, des vents violents soufflèrent et la terre se convulsa. Mais le Bodhisattva n'était pas davantage troublé par les démons de Mara que par une bande d'enfants excités par le jeu.

Les démons écumaient de rage. Ils lançaient des rocs, des arbres, des haches et des bûches enflammées grandes comme des montagnes. Les vents balayaient les villes et les villages. Des pluies de braises, de pics de montagnes enflammés, d'armes à double tranchant, de sable et de fange s'abattaient, suivies par l'obscurité. Mais la maîtrise de soi et la compassion du Bodhisattva arrêtaient les armes de Mara à mi-course et les transformaient en pluie de fleurs.

« Siddharta ! s'écria Mara, lève-toi de ce siège ! Il m'appartient !

– Mara, dit le Bodhisattva, tu n'as point œuvré pour la connaissance ni pour le bien du monde ni pour l'Éveil. Ce siège ne t'appartient pas, il est le mien. »

Ce siège de sagesse était celui où tous les Bouddhas du passé avaient atteint l'Éveil (voir p. 22-23).

« Mais qui, répliqua Mara, portera témoignage du dévouement de tes vies passées et de ta générosité ? »

N'ayant point d'autre témoin que le lieu où il était assis, le Bodhisattva toucha la terre de sa main et la terre gronda :

« J'en suis témoin ! » Mara était vaincu.

Le rappel des vies passées

Après le déchaînement de la « guerre de Mara » (voir p. 20-21), le Bodhisattva entra dans la méditation profonde et paisible qu'il avait spontanément expérimentée à la vue des laboureurs (voir p. 13). Dans la clarté de ce nouvel état, il vit sa place dans l'histoire de tous les bodhisattva et bouddha et se souvint de ses vies antérieures.

La théorie de la renaissance était presque universelle dans l'Inde ancienne et sous-tend beaucoup de légendes bouddhiques. En accord avec cette théorie, les Indiens pensaient que le cosmos traverse d'innombrables cycles de destruction et de création. Tout ce qui périt dans la conflagration universelle renaît dans une nouvelle ère pour reprendre existence. De même, toute action humaine se trouve dans la lignée d'une action précédente. C'est la notion sous-entendue par le Bodhisattva quand il déclare que « son siège de sagesse » fut celui des précédents *bodhisattva*. Le bouddha historique – qui naquit dans la même ère cosmique que la nôtre – n'était ainsi qu'un maillon dans la série des Bouddhas du passé et du futur. L'un des Bouddhas des temps anciens fut Dipankara. Le dernier avant Siddharta fut Kashyapa, et le Bouddha à venir sera Maitreya, dont on dit qu'il est déjà présent sous l'aspect d'un *bodhisattva* de compassion. De même qu'il y a une série de bouddhas identiques en toute chose excepté leur nom, chaque bouddha doit

LES *JATAKA*, « HISTOIRES DES NAISSANCES »

La plupart des contes *Jataka* s'appuient sur les histoires populaires prébouddhiques moralisatrices. Dans l'une d'entre elles, le Bodhisattva naquit comme un singe qui rencontra un jour un crocodile « très désireux de dévorer son cœur ». Utilisant la ruse pour échapper au prédateur, le singe le persuade qu'il garde son cœur suspendu à un figuier tout proche et s'exclame : « Insensé crocodile ! Ton corps est grand mais tu n'as aucun bon sens. Passe ton chemin, car j'ai l'avantage ! »

« J'étais ce singe », disait le Bouddha qui racontait paraît-il cette histoire pittoresque de supercherie. D'autres contes Jataka illustrent des vertus bouddhiques plus évidentes, comme l'histoire du singe qui s'allongea en travers du Gange, risquant la mort afin que ses compagnons échappent à une troupe de chasseurs. Les exemples d'autosacrifice abondent, avec des créatures aussi diverses que des tigres, des chèvres et des lièvres, tous futurs bouddhas. Beaucoup de ces histoires de *Jataka* sont des versions de fables animales que l'on retrouve dans les cultures grecque, amérindienne ou inuit (esquimaude).

Scènes de la vie du Bouddha telles qu'elles sont décrites dans les contes Jataka. Bas-relief sur calcaire du Ier siècle ap. J.-C., Amaravati Stupa, Andhra Pradesh.

Cette page d'un livre birman illustré du milieu du XIXe siècle dépeint une scène d'une vie passée du Bouddha sous la forme d'un génie des arbres.

traverser maintes naissances en tant que bodhisattva avant d'atteindre l'ultime et la plus élevée de ses incarnations. Dans le canon bouddhiste pali, environ 550 récits de naissances *(Jataka)* content les vies du Bodhisattva qui allait devenir Siddharta Gautama. La plus fameuse peut-être est celle du brahmane Sumedho, un disciple du Bouddha Dipankara qui étala humblement sa chevelure devant Dipankara afin que ses pieds ne soient point souillés quand il marchait. L'histoire raconte comment Dipankara prédit la renaissance ultime de Sumedho en Siddharta. Beaucoup de *Jataka* soulignent un acte particulier d'altruisme héroïque illustrant la « perfection de générosité » du Bouddha. La plus célèbre du genre étant l'histoire du prince Vessantara, la dernière incarnation du Bodhisattva avant qu'il ne devienne Siddharta. Dans un élan de suprême abnégation, Vessantara céda ses enfants puis sa femme à des brahmanes errants. L'ambiguïté éthique de ces dons est quelque peu levée quand nous apprenons que le second brahmine est le dieu Sakka (Indra) venu tester la générosité de Vessantara.

L'Éveil du Bouddha

Après le drame métaphysique de l'épisode de Mara et le mystère de la remémoration des vies passées, l'Éveil du Bouddha est décrit sur un mode calme, humain et relativement direct. La philosophie et l'éthique psychologique remplacent le mythe et la légende. L'image du héros surnaturel laisse place à celle d'un homme dans la forêt, abîmé dans sa réflexion et sa méditation sur la nature de l'expérience humaine.

Il existe dans les textes pali (voir p. 71) plusieurs comptes rendus sur la méditation du Bodhisattva et la plupart d'entre eux divisent la nuit de son éveil en trois périodes ou « veilles ». Dans la première veille, le Bodhisattva se rappelle ses vies passées. Dans la seconde veille, il analyse les lois du *karma* : « L'esprit calme, je tournai mon esprit vers la connaissance de la mort et de la renaissance des êtres. Je compris que les êtres sont modestes, excellents, bien destinés ou infortunés en conséquence de leurs actes. » Dans la troisième veille, le Bodhisattva parvient aux trois principes de base du *dharma* (doctrine) bouddhiste : les Quatre Nobles Vérités, les Trois Caractéristiques de l'existence (voir p. 28-29) et la loi de Causalité (voir p. 30-31). Par ces révélations, Siddharta s'affranchit de la renaissance et du *samsara*. Il actualise le *nirvana* et devient Bouddha.

Les Quatre Vérités sont dites « nobles *[aryan]* vérités » parce qu'elles sont élevées. Bien qu'elles puissent paraître simples au premier abord, elles ne peuvent être pleinement comprises que par ceux qui se sont engagés dans une quête « sérieuse » ou « noble ». Les vérités, telles que les textes pali les consignent, sont exposées par le Bouddha dans le passage suivant : « Qu'est-ce,

Représentation du XVII-XVIIIe siècle de l'arbre de la Bodhi *sous lequel le Bouddha atteignit l'Éveil. La belle forme en cœur des feuilles y est représentée de manière naturaliste. Ayuttaya, Birmanie.*

moines, que la vérité de la souffrance [*dukkha*, p. 28] ? La naissance est souffrance, le déclin, la maladie et la mort sont souffrance. Être séparé de ce que l'on aime est souffrance. Vouloir quelque chose sans l'obtenir est souffrance. Bref, la personnalité humaine, responsable de la saisie et de l'attachement, apporte la souffrance.

Le Bouddha assis, les mains dans le geste de l'enseignement : une œuvre sublime de la sculpture Gupta du Ve siècle. Le Bouddha, exemple de perfection humaine, fut représenté par les sculpteurs de ce qui fut peut-être la plus grande période de la sculpture de l'Inde du Nord.

« Et qu'est-ce que la vérité sur l'origine de la souffrance ? Le désir qui, avec la recherche du plaisir et l'avidité insatiable, entraîne la renaissance. Le désir sensuel, le désir d'une nouvelle vie, le désir de non-existence et d'annihilation.

« Et qu'est-ce que la vérité sur l'extinction de la souffrance ? C'est l'indifférence au désir et son élimination : s'en libérer et s'en détacher.

« Et qu'est-ce que la vérité du Chemin [ou de la Voie] menant à l'extinction de la souffrance ? Justement cet excellent Chemin octuple qui mène à l'extinction de la souffrance :

« La vue juste, la pensée [l'intention] juste,

La parole juste, l'action juste, les moyens d'existence justes,

L'effort juste, la conscience [ou attention] juste et la concentration méditative juste. »

LE SANCTUAIRE DE BODHGAYA

Depuis plus de 2000 ans, Uruvela (aujourd'hui Bodhgaya, « Là où la sagesse fut atteinte ») est un grand sanctuaire bouddhiste. Peu après la mort du Bouddha, Bodhgaya devint un centre de pèlerinage réunissant monastères, temples et *stupas* (reliquaires). Aujourd'hui, avec son arbre de la *Bodhi*, rejeton de l'arbre originel, Bodhgaya est à nouveau un centre bouddhiste florissant. D'autres sanctuaires apparurent dès les premiers temps du bouddhisme. Selon une tradition particulière, le Bouddha médita sous au moins trois arbres, une semaine à chaque fois. Sous le premier, il médita sur la loi de Causalité ; sous le second, il conversa avec un *brahmane*. La troisième semaine, dans un violent orage, le Bouddha s'assit sous « l'arbre Muchalinda » et le roi-serpent Muchalinda enveloppa son corps pour le protéger.

Le temple de la Mahabodhi à Bodhgaya, très restauré, date du VIIe siècle.

La Voie médiane

L'apothéose de l'amour sexuel, sculpture du temple hindou de Khajuraho, Madhya Pradesh. Les tantra bouddhistes, plus tard, reprendront une telle iconographie.

L'Éveil du Bouddha se situe à mi-chemin entre les deux principaux domaines de ses expériences précédentes : l'extrême sensualité qui lui fut imposée par la vie de cour et le non moins extrême ascétisme de ses six ans passés avec les cinq mendiants. L'histoire de l'offrande de riz au miel de Nandabala est peut-être légendaire (voir p. 20-21), mais le point qui y est souligné est crucial. Le Bouddha avait déjà choisi sa place de méditation parce qu'elle était paisible et agréable. Bien nourri, il pouvait à présent s'asseoir dans une bonne posture avec l'énergie correcte pour réfléchir et méditer.

Le Chemin octuple est lui-même au cœur de la Voie médiane. Concluant les Quatre Vérités, le Chemin octuple est divisé en trois parties. La vue juste et l'intention juste mènent à la sagesse. La parole juste, l'action juste et les moyens d'existence justes sont du domaine de l'éthique. L'effort juste, l'attention juste et la concentration juste appartiennent à la pratique de la méditation.

Le mot « juste » peut être interprété de trois manières principales. La première est la rigueur doctrinale : une « vue ou compréhension juste » des Quatre Grandes Vérités. Deuxièmement, dans un sens éthique, « juste » signifie la non-violence et l'honnêteté en parole, en pensée et en actes. Troisièmement, « juste »

Un disque d'Amaravati (Madhya Pradesh, IIe siècle ap. J.-C.) montrant le roi Suddhodana rendant visite à Mahamaya à l'époque de la naissance du Bodhisattva. En contraste avec la tension érotique de l'image du couple à l'opposé, ces figures communi-

suggère l'équilibre : une voie médiane habilement menée. « L'effort juste » sur la Voie fait référence à un effort actif équilibré par une vision qui évite le fanatisme, la bigoterie et l'autopunition. L'attention juste et la concentration juste s'équilibrent l'un l'autre. L'attention juste est sublimée, sans jugement, n'est pas centrée sur soi, c'est une attention instant après instant au sentier bouddhiste, à l'action quotidienne et aux autres. Cette attention continuelle est ouverte, souple, mobile : elle accompagne chaque instant de la vie, qu'il soit douloureux,

quent une calme maîtrise de soi. De la matrice de ce dharma *collectif harmonieux – relaxé, au charme naïf, dénué de religiosité évidente – émergera le Bouddha adulte avec un* dharma *visionnaire et compatissant.*

neutre ou très agréable. Par contraste, la « concentration » est centrée sur un seul point. C'est une conscience limitée à un foyer choisi, l'élimination de la distraction, le rassemblement de ce qui est autrement une activité mentale dispersée. L'attention à l'extérieur équilibre donc le calme intérieur du *samadhi* nécessaire au développement de la sagesse. Sans le calme du *samadhi*, la vérité plus profonde sera obscurcie par le bavardage mental, l'anxiété et les soucis superficiels.

Le Bouddha élimine le désir qui soustend la souffrance par le Chemin octuple. « Correctement » suivi, le chemin offre une sortie à la prison du *samsara* (le cycle des renaissances). Le Bouddha lui-même est l'exemple de ce processus. À son Éveil, il devint libre du désir, de *dukkha* (souffrance) et de l'ego. La naissance était transcendée. Telle est la sphère absolue, « non née » du *nirvana* : le fruit de l'application du Chemin octuple qui est au cœur de la Voie médiane. Ce chemin est encore pratiqué de nos jours par d'innombrables bouddhistes en Asie et en Occident.

LES SEPT FACTEURS DE L'ÉVEIL

À l'heure de sa mort, le Bouddha résuma la totalité de son enseignement en trente-sept points essentiels. Les groupes majeurs de cette récapitulation étaient le Chemin octuple, les Quatre Fondements de l'Attention et les Sept Facteurs de l'Éveil. Certains de ces Sept Facteurs correspondent au Chemin octuple : l'attention, l'examen du *dharma*, l'énergie, la joie, le calme, la concentration et l'équanimité. En les développant et en les perfectionnant, le pratiquant peut achever l'état d'*arhat* (personne éveillée) et ainsi atteinte au *nirvana*.

Noble, élégant, détendu et assuré : ce Bouddha en méditation taillé dans la roche à Polonnaruwa (Sri Lanka, XIIe siècle) essentialise le bonheur inébranlable de la Voie bouddhiste.

Les trois caractéristiques de l'existence

Bas-relief de Borobudur (Java) montrant la rencontre d'un marchand avec des nymphes. La légende est traitée avec naturalisme. Le mythe et la nature, l'intemporel et le temporel, convergent dans une vision éphémère et ambiguë, une image complexe et fondamentalement bouddhiste de l'existence.

Dukkha (voir p. 25) est un terme difficile à traduire, et le mot « souffrance » n'en est qu'un raccourci commode. Pour en percevoir toutes les nuances, il faut considérer le mot *dukkha* comme une réalité personnelle. Peu à peu, d'autres mots, d'autres perceptions nous aident à saisir ce terme sans occulter néanmoins la notion de souffrance telle qu'on l'entend ordinairement. Le mot est gros d'une affliction terrible et évidente, et la voie bouddhiste exige le développement de la compassion, un sentiment d'être avec tous les êtres. *Dukkha* implique la souffrance physique et la sensation de peine, de dépression et de désespoir identifiés par le Bouddha. Mais *dukkha* suggère aussi le caractère insatisfaisant, sans finalité et incohérent de la plupart des expériences humaines. Même si l'on n'est pas spécialement malheureux, la vie est une série de pensées, de relations et d'actions non abouties. Nos vies sont courtes, nos expériences transitoires et fragmentaires.

Une grande part de *dukkha* gît dans ce facteur d'impermanence *(anicca)* qui, en adjoint de *dukkha*, est la seconde des trois caractéristiques de la vie. La troisième caractéristique de l'existence est l'absence de soi ou d'âme individuelle *(anatta)* dans tous les phénomènes. La doctrine bouddhiste de l'*anatta* représente une

rupture nette avec la croyance brahmanique (hindoue) selon laquelle l'âme individuelle ou le soi peut finalement s'unir avec l'âme universelle. À l'opposé, le Bouddha proclama que « toutes choses sont dépourvues de soi » *(sabbe dhamma anatta)*. Il n'y a ni âme ni soi ni ego au centre de la personnalité humaine. Les êtres humains sont un faisceau de cinq « agrégats » *(skandha)* impermanents : la forme corporelle, la sensation, la perception, les formations nées du *karma* et la conscience. Les cinq *skandhas* s'accrochent à la notion d'un ego qui les unit, mais il n'y a rien d'autre qu'une série de processus.

Le bananier au tronc creux et sans sève est un symbole bouddhiste de l'impermanence.

LA DOCTRINE DU NON SOI

Deux poèmes pali (p. 71) condensent les théories bouddhistes sur la personne et le non-soi :

« Quand tous ses constituants sont là,
Nous utilisons le mot "char".
De même, là où existent "cinq agrégats",
Nous parlons en termes d'"être vivant". »
(Samyutta Nikaya)

« La souffrance existe, mais non celui qui souffre.
L'acte est accompli, mais il n'y a pas d'acteur.
La Paix existe, mais non point celui qui est en paix.
Il y a un chemin mais personne n'y chemine. »
(Buddhaghosa, Visuddhimagga)

L'histoire de la nonne Vajira réunit ces deux points de vue.Tourmentée par les questions de Mara : « Qu'est-ce qu'une personne ? Comment émerge-t-elle ? Qui la crée ? », Vajira répondit : « Mara, pourquoi insistes-tu sur le mot "personne" ? Il n'y a rien là qu'un groupe de processus. De même que l'on utilise le mot "char" quand ses parties sont combinées, de même, le mot "personne" est habituellement utilisé quand les cinq *skandhas* sont présents. »

La loi de Causalité

La roue tibétaine du Devenir représente l'univers bouddhiste et la doctrine de la Causalité. Six destinées de renaissance, les enfers, les animaux, les esprits avides, les dieux, les titans et les humains sont dépeintes entre les rayons. Le désir, la haine et la stupidité (un coq, un serpent et un cochon mutuellement attachés) sont représentés au centre. Enserrant la roue comme pour l'avaler, un monstre représente l'impermanence. Au-delà du samsara, *en haut, le Bouddha montre le* nirvana. *La roue du Devenir est issue d'une vision de Maudgalyayana, un disciple du Bouddha. Ce sujet parvint probablement au Tibet au* VIII*e siècle.*

L'autre révélation centrale du Bouddha sous l'arbre de la *Bodhi* (voir p. 24-25) fut sa théorie de la causalité, « les origines interdépendantes ». Chaque aspect de la vie humaine est conditionné par une influence ou un état d'existence antérieurs. Rien n'existe de soi-même, tout surgit de quelque chose puis disparaît. Le postulat de départ est la présence de la souffrance, de la maladie, de la vieillesse et de la mort. Mais comment ces conditions surgissent-elles ? Et comment peuvent-elles être éliminées ? Le Bouddha conclut que la souffrance est le résultat du *karma* individuel (les actions passées). Mais le *karma* ne s'accumule qu'à cause de l'ignorance.

La chaîne de causalité est ainsi : à cause de l'ignorance surgissent les formations karmiques productrices de renaissance ; des formations karmiques productrices de renaissance surgit la conscience ; de la conscience surgit nom-et-forme (phénomènes mentaux et physiques) ; à cause de nom-et-forme surgissent les sphères des sens ; des sphères des sens surgit le contact ; du contact surgit la sensation ; de la sensation, le désir ; du désir, l'attachement ; de l'attachement, le processus du devenir ; du devenir, la renaissance ; de la renaissance enfin surgissent la vieillesse, la mort, la douleur, la peine et le désespoir.

Mais le processus peut être inversé. Quand on atteint la connaissance de l'Éveil, le *karma* et la souffrance sont éliminés et la peur de la mort fait place à la possibilité du *nirvana*.

La roue du Devenir dépeint à son pourtour les douze stades de la causalité : l'ignorance (un homme aveugle), les formations karmiques (un potier), la conscience (un singe), le nom-et-forme (une barque avec ses passagers), les sens (une maison vide), le contact (un couple enlacé), la sensation (un homme une flèche dans l'œil), le désir (un homme buvant), l'attachement (un homme prenant un fruit), le devenir (une femme et son enfant), la naissance (une femme accouchant), la vieillesse et la mort (un homme portant un cadavre).

LA COMPASSION DU BOUDDHA

Le poème sanscrit *Les Actes du Bouddha* met l'accent sur la compassion en tant qu'élément d'Éveil : « Après s'être rappelé ses naissances et ses morts passées, le Bouddha fut empli de compassion pour tous les êtres. "Réellement, il n'y a aucun espoir pour le monde ; il ne fait que tourner comme une roue." Considérant le passé, sa conviction grandit : le cycle de l'existence, tel le tronc creux d'un bananier, n'avait aucune substance. La vision purifiée, il contempla le monde comme dans un miroir. Sa compassion grandit quand il vit la mort et la renaissance des êtres en vertu de leur *karma*. » Le poète utilise ici deux images classiques. La roue, qui symbolise en outre l'harmonieux *dharma*, est décrite tournant sur un char renversé. Le tronc de bananier, sans cœur, est symbole d'impermanence et de non-soi (voir p. 28-29).

De l'Éveil à la mort

Après son Éveil, le Bouddha découvrit de nouveaux domaines d'expérience. Les récits anciens abondent en éléments surnaturels ; ils sont aujourd'hui en régression et la majeure partie de la vie du Bouddha est contée de manière réaliste. Dans les villes poussiéreuses et les frais vergers du bassin du Gange, le Bouddha et les princes, les brahmanes et les artisans qui l'accompagnent prennent à l'évidence un caractère réel et historique. Nous entendons la voix du Bouddha : inlassable dans son enseignement, parfois incisif avec ses opposants. Même s'il proclamait la non-existence de l'ego, le Bouddha avait une puissante personnalité et il est intéressant d'observer comment il exposa sa vision universelle dans les villes et villages des petits royaumes du nord-est de l'Inde. Dans cette période émergèrent de grands disciples. Mais le Bouddha n'était pas la seule voix nouvelle dans les assemblées du VIe siècle av. J.-C. en Inde. D'autres penseurs religieux – brahmanes, jaïns, yogis, nihilistes – proposaient leurs propres idées.

Finalement, dans un calme absolu, le Bouddha approche du *parinirvana* (*nirvana* complet). La façon dont le maître approche la mort est un point majeur de sa doctrine. Tandis que le maître mourant exhorte à l'équanimité, l'histoire elle-même se transforme profondément.

Le Bouddha en parinirvana *avec son serviteur Ananda. La qualité sereine et cependant vivante de la sculpture est rehaussée par le grain de la pierre qui s'étire horizontalement en travers du vertical Ananda et se mêle aux draperies des deux figures. Groupe de statues du XIIe siècle à Polonnaruwa, Sri Lanka.*

Après l'Éveil

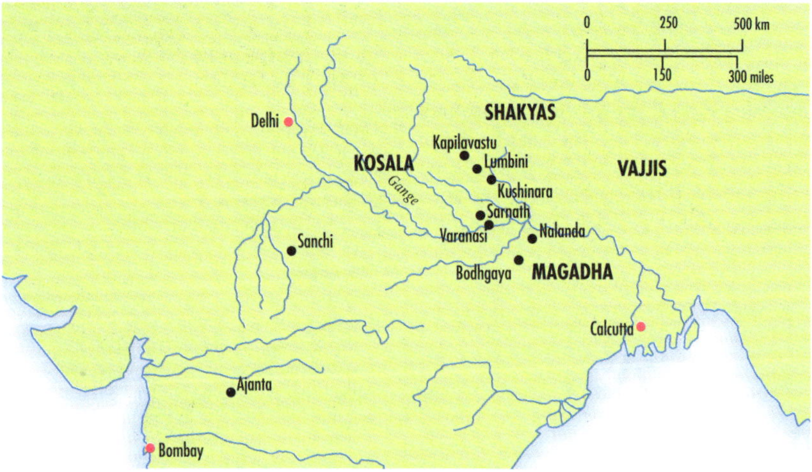

Carte du nord de l'Inde à l'époque du Bouddha, montrant les principaux sites bouddhiques, avec les villes modernes indiquées en rose

L'essence même de l'enseignement du Bouddha *(dharma)* réside dans son Éveil. « Ayant compris *dukkha*, dit un texte, le maître délivra ce message : "Quand la réelle nature des choses devient claire en méditation, le brahmane [l'homme sage] connaît les choses et leurs causes". » Dans le bouddhisme, la phrase « la réelle nature des choses » est vitale. L'humanité a peiné sous l'illusion à propos du soi et des moyens d'échapper au *samsara*. Revenant dans le monde après son Éveil, le Bouddha était sûr que sa vision de la souffrance et de l'impermanence était la réalité vraie.

Le dieu Brahma, le créateur, qui encouragea le Bouddha à enseigner. Sculpture birmane du XIIe siècle.

Mais il y avait là, après l'Éveil, certaines difficultés à surmonter. Le Bouddha erra dans le royaume du Magadha à près de 300 km au sud-est de sa terre natale. Il n'appartenait ni à l'orthodoxie religieuse ni à aucun groupe établi de yogis tels que ceux qui entouraient ses deux premiers maîtres. Sa nouvelle version de la réalité l'isolait encore plus. Les textes pali (voir p. 71) nous le dépeignent très conscient de cela :

« J'ai découvert cette vérité subtile et profonde, difficile à percevoir, inaccessible à la pensée conceptuelle. » Peut-être était-il futile d'essayer d'apporter sa vision à un monde où la plupart vivaient dans l'illusion.

Un autre texte décrit ainsi son dilemme : « Quand il vit d'un côté le monde perdu dans les vues inférieures et les efforts confus [...] et de l'autre côté la subtilité extrême du *dharma* qui mène à la liberté, il fut tenté de ne pas agir. Mais quand il considéra le vœu qu'il avait pris dans ses vies passées d'éveiller tous les êtres, il pencha davantage pour l'idée de proclamer le chemin qui mène à la paix. »

Selon la légende, la résolution du Bouddha fut encouragée par le dieu Brahma qui le pressa ainsi : « Ô sage, à présent que vous avez vous-même traversé l'océan du devenir, je vous prie de sauver les autres êtres qui ont sombré dans la souffrance. »

C'est ainsi que le Bouddha se décida à enseigner.

LE BOUDDHA REDÉFINIT LE MOT BRAHMANE

Un texte rapporte qu'au moment où il méditait « dans le bonheur de l'émancipation », le Bouddha reçut la visite d'un brahmane (prêtre de haute caste) qui demanda :
« Qu'est-ce qui fait un brahmane ?
– Un vrai brahmane, répliqua le Bouddha, est celui qui a vaincu le mal en lui-même ; qui est libéré de l'orgueil, mesuré et vertueux. Lui seul pourra se nommer brahmane. »

Nier la valeur du statut de caste héritée était révolutionnaire dans l'Inde ancienne. Dans le même texte, le Bouddha parle du « brahmane méditant ». Là aussi, le maître utilise brahmane dans une nouvelle acception. Dans la vue du Bouddha, c'était le *karma* personnel et l'effort juste et non la caste ou la classe qui distinguaient les gens. Le Bouddha côtoyait des gens de toutes les sphères de la société. Les deux personnes remarquables qui lui offraient sa nourriture quotidienne étaient un courtisan et un forgeron.

LE BOUDDHA RENCONTRE LES CINQ ASCÈTES

Après son Éveil, à Sarnath, près de Varanasi, le Bouddha rencontra d'abord les cinq hommes qui avaient été ses compagnons d'austérités. En l'abordant, ils ne virent qu'un homme ordinaire et se moquèrent de son apparence de bien-portant : « Voici le mendiant Gautama qui s'est détourné de l'ascétisme. Il n'est certainement pas digne de notre respect. » Au rappel de ses anciens vœux, le Bouddha répliqua : « Les austérités ne font que brouiller l'esprit. Dans l'épuisement et la torpeur mentale auxquels elles mènent, on ne peut plus comprendre les choses ordinaires de la vie et encore moins la vérité qui réside au-delà des sens. J'ai abandonné les extrêmes du luxe et de l'ascétisme et découvert la Voie médiane. »

Le premier sermon du Bouddha (« le premier tour de la roue de la Loi ») aux cinq ascètes au parc des cerfs à Sarnath. Ce premier discours sur les Quatre Nobles Vérités et la Voie Médiane convertit les cinq mendiants qui, d'ascètes, devinrent les premiers membres de la communauté du Bouddha. Peinture d'un artiste moderne birman.

Le contexte social et religieux

L'Inde du VIe siècle av. J.-C., comme la société grecque de la même période, vivait de profonds changements sociaux et une révolution philosophique. Dans les terres baignées par le Gange, les nouvelles monarchies de Kosala et Magadha se développaient. Dans les écritures pali, source principale de notre connaissance du milieu du Bouddha, abondent rois, nobles, prêtres, marchands et philosophes, dénotant une activité fébrile, affaires, patronages et créativité. Par-dessus tout, il y avait un ferment de recherche intellectuelle et un incessant débat philosophique.

Le prince bodhisattva *Mahajanaka. Quelques-unes des incarnations passées du Bouddha en tant que prince préfigurèrent sa naissance ultime comme* kshatriya *et non comme brahmane. Peinture murale d'Ajanta, Maharashtra, Ve siècle ap. J.-C.*

Au niveau traditionnel, un fondement de certitudes religieuses demeurait, que ce soit dans le déisme hindou ou les spéculations religieuses des *Upanishad*, ces enseignements de la forêt émanant de saints hommes qui avaient trouvé la libération en unifiant leur âme *(atman)* à l'ultime réalité de l'âme universelle *(brahman)*.

La religion ritualiste des brahmanes existait dans les régions où enseignait le Bouddha, mais son fief était l'Inde occidentale. Le système brahmanique mettait l'accent sur les sacrifices au feu et les hiérarchies sociales et religieuses fondées sur les *Vedas*. Nombre de textes pali montrent le Bouddha en conversation avec des brahmanes. Dans l'un, un prêtre souligne les cinq qualifications d'un brahmane, qui doit être : bien né des deux côtés, capable de réciter trois *Vedas* (livres sacrés), beau et au teint clair, vertueux, érudit et sage. Le Bouddha réduisit les qualifications pour « l'aristocratie spirituelle » à la sagesse et la vertu (voir p. 35). Néanmoins, bien que le Bouddha semble avoir méprisé les distinctions de castes, il n'est pas certain qu'il ait activement tenté d'en briser les barrières. Beaucoup de ses disciples étaient de la caste des *kshatriya* (guerriers), et ce ne sera pas avant le développement du Mahayana au Ier siècle ap. J.-C. (voir p. 60-61) que le bouddhisme deviendra vraiment une religion populaire.

Tandis que les cités du VIe siècle av. J.-C. regorgeaient de nouvelles populations mouvantes, les routes étaient encombrées de religieux errants et de maîtres suivis de leurs disciples. Parmi eux, des penseurs semblables aux sophistes grecs du même siècle rejetaient les métaphysiques mythiques de la religion orthodoxe. Beaucoup d'érudits s'étaient joints à la poussée des spéculations philosophiques liée à l'essor de l'Inde du Nord à cette époque.

LA VUE DU BOUDDHA SUR LES DIEUX HINDOUS

Le bouddhisme est non théiste. Le Bouddha lui-même était un homme qui gagna l'Éveil par ses propres efforts. Il ne vénérait ni un dieu unique ni plusieurs et ne fut pas davantage déifié après sa mort. Mais le Bouddha ne nia jamais l'existence des dieux. On dit que Brahma lui parla après son Éveil et le Bouddha mentionna les dieux tels qu'Indra et Mara dans ses enseignements.

Chacun au VIe siècle av. J.-C. croyait en des présences surnaturelles. Mais il n'était pas nécessaire de les créditer de pouvoir, et encore moins de toute-puissance. Selon le bouddhisme, les dieux étaient des présences insignifiantes.

Brahma à quatre visages, Vishnu à la peau bleue, Shiva et Parvati. Le Bouddha reconnaissait les anciens dieux mais ne leur accordait guère d'importance. Fresque d'un temple dédié à Shiva de Kalahasti, VIIe siècle ap. J.-C.

Sujets à la souffrance et aux renaissances, ils vivaient dans des cieux plus élevés que la terre. Mais à cause de leur attachement à la sensualité et de leur cécité aux Quatre Vérités (voir p. 24-25), ils n'étaient pas entrés en *nirvana*.

Le roi Bimbisara du Magadha rendant visite au Bouddha. Le Bouddha était tout aussi bien fréquenté par les pauvres que par les notables. Bas-relief de Sanchi, Ier siècle ap. J.-C.

LES PHILOSOPHES CONTEMPORAINS

Dans les textes pali sont cités quelques nouveaux philosophes contemporains du Bouddha. Quelques-uns parmi eux, comme « Ajit de la toison velue », étaient matérialistes. Ajit proclamait : « L'homme est constitué des quatre éléments. Quand il meurt, la terre retourne à la terre, l'eau à l'eau, l'air à l'air et ses sens s'évanouissent dans l'espace. Seuls les insensés prêchent l'aumône et ceux qui prêchent l'existence de l'immatériel font un mensonge de non-sens. Quand le corps meurt, les insensés comme les sages périssent. Ils ne survivent pas à la mort. »

Une autre secte, celle des Ajivakas, croyait en une destinée que les individus ne pouvaient modifier. Pourquoi pratiquer les austérités si l'on est lié à un destin ? peut-on demander. « Parce que, répliquaient ces ardents ascètes, nous sommes destinés à l'ascétisme. » Certains érudits ont identifié le pessimisme présent dans nombre de philosophies non orthodoxes avec l'incertitude communément associée à de rapides changements sociaux.

« Les héros ont abandonné leur gloire, la terre sombre, les dieux périssent. Je suis, criait un homme, comme une grenouille sur un mur sec ! »

Jaïns et bouddhistes

Une feuille enluminée du Kalpa Sutra *du XIIIe siècle, un manuscrit jaïn détaillant les vies de saints jaïn et énumérant les règles monastiques jaïn*

L'un des principaux nouveaux maîtres fut Mahavira (540-468 av. J.-C.), le fondateur du jaïnisme (religion des *Jina*, « Conquérants »). Le jaïnisme a également survécu jusqu'au XXe siècle, mais contrairement au bouddhisme, il a toujours maintenu une présence en Inde.

Selon le jaïnisme, l'âme, originellement pure et béatifique, est constamment sujette à la pollution par le *karma*. Toute action produit du *karma*, et son accumulation mène à des renaissances ultérieures ; ce n'est qu'en détruisant le *karma* que l'âme peut se libérer et entrer dans la félicité éternelle du *nirvana* jaïn. Mahavira attira un grand nombre de fidèles, moines et laïcs, bien que le *nirvana* ne pût être atteint que par les moines ascètes.

La base de discipline jaïn est la non-violence absolue. Puisque les âmes résident dans tous les phénomènes, les jaïns évitent de blesser quoi que ce soit de vivant ou d'inanimé. Comme les moines bouddhistes, les jaïns filtrent leur eau pour sauver les animalcules. Mais à leur différence, les jaïns voilent leur bouche pour n'inhaler aucune créature et portent un plumeau pour écarter les insectes de leur chemin. Sans cet *ahimsa* (non-violence) perpétuel et vigilant, les jaïns plongeraient encore plus profondément dans les tourments des renaissances.

Un saint jaïn de l'Orissa, XIe siècle

Mahavira, en nouveau religieux et philosophe, rejetait les notions brahmaniques de Dieu ou des dieux et les rituels. Les nouveaux penseurs insistaient sur un style de vie ascétique. Tous, sauf les matérialistes extrémistes, croyaient en des renaissances au sein de vastes cycles temporels. Bien que le Bouddha proclamât la doctrine du non-soi ou de la non-âme *(anatta)*, la notion de renaissance demeurait centrale même dans le bouddhisme. Ce qui créa plus tard des difficultés pour les bouddhistes : comment pourrait-il y avoir renaissance s'il n'existe aucune âme pour renaître ? Des penseurs bouddhistes comparent la renaissance à une flamme passant d'une source à une autre sans mourir ni changer d'identité : ainsi, il y a dans les renaissances, une simple « continuité de phénomènes ».

Un moine jaïn au temple d'Adinath, à Ranakpur, au Rajasthan. De nos jours, les jaïns suivent les rituels et la discipline prescrits par Mahavira au VIe siècle av. J.-C. La bouche de ce moine est couverte afin qu'il n'avale pas, par mégarde, de petites créatures.

Les débuts de la communauté religieuse

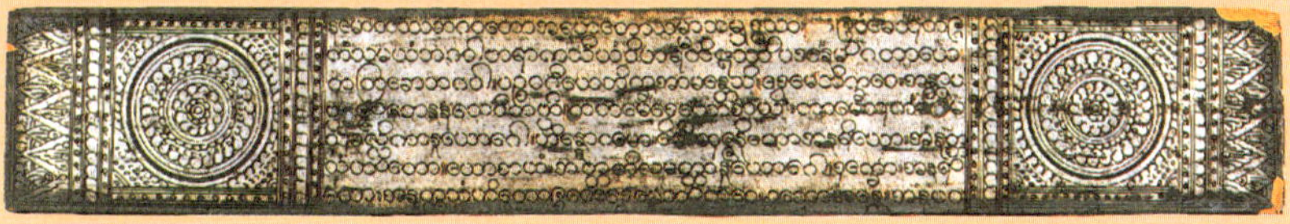

Manuscrit birman du début du XIXe siècle, en feuille de palme, du premier sermon du Bouddha, « Le premier tour de la roue de la Loi ». Les motifs circulaires représentent la roue du dharma.

Le premier sermon du Bouddha, « Le premier tour de la Roue de la Loi », s'adressait aux ascètes avec lesquels il avait jadis jeûné. Il leur exposa les Quatre Vérités et la Voie médiane et conclut : « Ô moines, la vision, la connaissance et la lumière ont émergé. Ma libération spirituelle est à présent inébranlable. Il n'y a plus aucune renaissance. » Les cinq ascètes devinrent ses premiers disciples.

La vision du Bouddha était devenue la doctrine. L'ordre monastique se développa rapidement. L'histoire du riche marchand Yasa illustre la manière dont le bouddhisme pénétra les classes urbaines. Yasa se réveilla un jour en trouvant futile sa vie luxueuse et sensuelle. Il se rua hors de chez lui pour suivre le Bouddha, son père à ses trousses. Tous deux furent bientôt convertis. Yasa devint le septième membre de l'ordre et son père le premier disciple laïc. La mère et la femme de Yasa furent les deux premières disciples femmes laïques. Cinquante-quatre amis de Yasa furent ordonnés moines. Tous partirent alors répandre la doctrine.

Une roue du VIIe-VIIIe siècle représentant la roue du dharma *qui tourne. Thaïlande.*

Les récits pali (voir p. 71) insistent sur la manière dont le Bouddha fit des disciples à la fois dans la société séculaire et parmi les disciples d'autres yogis. Il y eut, parmi ces yogis, deux des plus célèbres disciples du Bouddha, Sariputra, qui devint le plus grand des prêcheurs du Bouddha et Maudgalyayana, le « chef de ceux qui avaient des pouvoirs *(siddhi)* ». Autres convertis, les deux cousins du Bouddha : Ananda, qui devint plus tard le serviteur du Bouddha, et Devadatta, qui par la suite essaya de tuer le Maître (voir p. 49). Rahula, le fils du Bouddha, fut ordonné moine dès l'âge de vingt ans.

Dans les premiers jours, avant que ne se développent les rituels bouddhiques, il suffisait pour devenir moine de se raser la barbe et les cheveux, d'adopter les robes jaunes et de réciter le fameux Triple Refuge. Cette simple formule encore utilisée au début des récitations, des méditations et de la prise des repas, s'adresse au « Triple Joyau », Bouddha, *dharma* (la doctrine) et *sangha* (la communauté religieuse) :

« Je prend refuge dans le Bouddha,
Je prend refuge dans le dharma,
Je prend refuge dans le sangha. *»*

Bien que le Bouddha eût renoncé aux austérités excessives, la vie monacale était fortement disciplinée. Par la suite, plus de 200 règles furent élaborées pour les *bhikkhus* (moines, littéralement « mendiants ») pleinement ordonnés. L'essence du code monastique est contenue dans les « dix préceptes » :

S'abstenir de détruire les êtres vivants ; de prendre ce qui n'est pas donné ; de mauvaises conduites sexuelles ; de toute parole incorrecte ; de breuvages et de drogues menant à l'inattention ; de manger à une heure inappropriée ; de danser, chanter, de jouer de la musique, d'aller au spectacle, de porter des parures, de s'embellir avec des cosmétiques et de se parfumer ; de dormir dans un lit haut et luxueux ; d'accepter de l'argent.

LA DISCIPLINE MONASTIQUE

En dépit de la discipline, on considérait que la vie d'un moine était plus libre que celle d'un laïc. En discutant avec le roi Ajatasattu, le Bouddha compare la vie séculaire et monastique :

« La vie d'un chef de famille est source d'entraves. C'est un chemin de devoir... Celui qui erre sans attaches vit une vie sans encombres. Quand un chef de famille devient un *bhikkhu*, il adopte les principes des bonnes actions du corps et de la parole, mène une vie saine, observant les préceptes éthiques ; il est alerte, satisfait et conscient. » Le Bouddha poursuit sur le Chemin octuple et commente la « parole juste » :

« En rejetant toute parole mensongère, le *bhikkhu* se garde du mensonge. Il parle vrai, avec foi et confiance, ne manque pas à sa parole face au monde.

« En évitant la diffamation, le *bhikkhu* se garde de la calomnie. Il vit ainsi en réconciliateur de ceux qui sont divisés, et son éloquence sert la paix.

« Le *bhikkhu* se garde des paroles dures. Irréprochables, aimantes, touchantes, telles sont ses paroles.

Le *bhikkhu* se garde des conversations oiseuses. Il parle au moment approprié, selon les faits, avec des mots sensés, sur la religion et sur la discipline du *sangha*. Il dit des mots dignes d'être retenus, clairs et fort à propos. »

Un jeune moine Theravada de Thaïlande examine la main d'un Bouddha colossal. Les moines bouddhistes continuent de suivre les préceptes dictés par le Bouddha au VIe siècle av. J.-C.

Récits du vivant du Bouddha

Il est impossible de composer une biographie réaliste ou chronologique du Bouddha. Certes, le Bouddha lui-même et beaucoup de ses disciples et bienfaiteurs ont réellement existé. Mais tous les textes relatifs à la vie du Bouddha encore disponibles furent écrits des centaines d'années après sa mort. On ne sait même pas quelle langue il parlait. Dans les royaumes de Magadha et de Kosala où il passa la majeure partie de sa vie, le Bouddha enseigna sans doute dans les langues de ces pays. Il est peu probable qu'il parlât le sanscrit, la langue de la littérature classique et sacrée hindoue. Le pali, langue de la plupart des anciens récits sur la vie du Bouddha, n'apparut sans doute que des siècles après sa mort.

Bouddha assis, entouré de scènes de sa vie. Statue en basalte du XIe siècle, Inde orientale.

Néanmoins, les textes pali donnent des descriptions d'une « journée du Bouddha » qui sont, sans aucun doute, typiques. Le Bouddha se levait tôt, méditait, prenait robe et bol, se promenait dans une ville avec quelques membres de sa communauté pour y recevoir sa nourriture en offrande, revenait manger, se baignait, méditait, recevait les visiteurs et prononçait un sermon. Méditant profondément jusque tard dans la soirée, il s'endormait ensuite pour une courte période avant de s'éveiller et de répéter le même emploi du temps. Bien que formel, un tel récit nous donne cependant une idée du rythme de la vie du Maître. Au XXe siècle, les moines suivent encore plus ou moins cette même routine.

LA VIE CULTURELLE INDIENNE À L'ÉPOQUE DU BOUDDHA

Mettant en lumière la simplicité de la vie des *bhikkhus*, un texte pali décrit brillamment la vie culturelle, énumérant les plaisirs mondains interdits aux moines : récitations, ballades, danses, tambour, acrobaties, combats d'éléphants, boxe, lutte, jeux de scène et de balles, dés.

L'opulence de la vie matérielle apparaît dans une liste de couchages, de couvertures, de cosmétiques et de shampooings, dont les *bhikkhus* n'useront pas. Les bouddhistes doivent aussi éviter les arts populaires et les activités occultes telles que dire la bonne aventure, faire un exorcisme ou utiliser des charmes ou des amulettes. Pour le moine qui dévoue sa vie au *dharma*, ce ne sont que des « arts inférieurs ».

Femmes jouant, dansant et faisant de la musique. Bas-relief du stupa *d'Amaravati.*

Le roi Ajatasattu, habituellement représenté avec une barbe, portant une des reliques du parinirvana (nirvana *complet) du Bouddha. Manuscrit birman du* XIX*e siècle.*

Parfois, cependant, les textes pali nous donnent des détails intimes et vivants de moments particuliers, d'événements ou d'actions accomplies par le Bouddha. Ici, il nage dans le Gange ; ailleurs, il approche de la salle de méditation et attend que ses disciples finissent de converser avant de frapper pour annoncer sa présence.

Un texte célèbre nous dépeint une scène particulièrement vivante où le roi Ajatasattu rend une visite nocturne au Bouddha. Impressionné par le silence régnant dans le bosquet de manguiers où le Maître l'attend, le prince demande à son tuteur : « Comment se peut-il qu'avec 250 *bhikkhus* autour de lui, on n'entende aucune voix, ni même un éternuement ou une toux ?

– Avancez, grand roi, lui dit son tuteur, rassurant, voici la tente circulaire et les lampes qui brûlent. »

Le prince s'avança, d'abord à dos d'éléphant, puis à pied, et atteignit la porte de la grande tente circulaire. Et le prince dit à son tuteur : « Mais où se trouve le Maître ?

– Il est ici, grand roi, le Maître est assis au centre de la tente, parmi ses *bhikkhus*. »

La méditation bouddhiste

La pratique de la méditation, si elle n'est pas universelle, a certainement été toujours largement répandue. Les chasseurs tribaux guettant le gibier, comme les méditants, demeuraient physiquement immobiles et mentalement concentrés. Les chamanes de ces sociétés tribales méditaient de même dans la solitude lors de leur quête de la vision des esprits. Même à l'aube du bouddhisme existait une très grande diversité de pratiques méditatives. Mais toutes étaient fixées sur un même but : se libérer du *samsara*, la ronde sans fin des renaissances.

Tout comme les sages des *Upanishad* hindoues qui s'efforçaient d'identifier leur âme personnelle à l'âme universelle, les bouddhistes recherchaient l'absolu. Cependant, l'absolu bouddhiste n'était pas une absorption dans l'âme universelle mais l'atteinte du *nirvana*, une condition intérieure du non-soi ultime. La meilleure façon d'atteindre cet état consistait à devenir moine, ce qui facilitait l'atteinte de la perfection morale. Non seulement les émotions de colère, de haine et de désir sexuel étaient considérées comme corruptrices, mais la vie émotionnelle elle-même pouvait troubler le processus méditatif.

Telle qu'elle est rapportée dans un long poème, *Les Actes du Bouddha*, la première méditation du Bouddha (voir p. 13) survient lors d'une sortie dans la forêt avec quelques compagnons de cour. L'expérience du futur Bouddha, aisée et naturelle, s'élève spontanément au contact de trois stimuli. Le premier est l'aspiration à la paix spirituelle. Le second est la réaction compatissante du Bodhisattva à la vue des laboureurs, des bœufs épuisés et des petites créatures tuées par la charrue. Troisièmement, la méditation a lieu quand le Bodhisattva s'est soudain séparé avec soulagement de ses compagnons, avec le désir intense

Un moine bouddhiste thaï sur les terrains du temple. Simplement demeurer ainsi debout est aussi méditer.

Une nonne bouddhiste méditant au rallye de la Paix, la veille des élections cambodgiennes en 1993

Laboureurs en Inde. Remplissent-ils leur rôle social ou souffrent-ils en causant de la souffrance ?

d'atteindre la clarté de l'esprit. Cette expérience se produisit avant son départ de la cour paternelle. Plus tard, quand, après avoir renoncé au luxe de la vie, le Bodhisattva errant vint s'entraîner avec des maîtres de méditation, il fut vite capable d'atteindre les états de conscience correspondant aux plus hautes expériences de ses maîtres. Non satisfait de ce niveau, le futur Bouddha partit achever seul son Éveil.

LES NIVEAUX DE *JHANAS* (ABSORPTION)

Le Bouddha utilisa certaines des techniques apprises de ses maîtres de méditation dans son propre processus méditatif ou *jhana* (sanscrit *dhyana*, absorption). Cette progression est décrite dans le Chemin octuple (voir p. 25-27) comme un *samadhi* (concentration méditative).

Le premier *jhana*, accompagné de pensées, est empli de ravissement et de joie. Dans le second *jhana*, le calme et l'unité de l'esprit et du ravissement remplacent les pensées. Le troisième *jhana* est un état d'équanimité et de conscience éveillée. Dans le quatrième *jhana*, plaisirs et douleurs sont effacés par l'équanimité et l'unification de l'esprit.

Le cinquième *jhana* réside au-delà de la perception de la matière, dans l'espace illimité. Dans le sixième *jhana*, l'esprit atteint l'état de conscience illimitée. Au-delà de la conscience, dans le septième *jhana*, l'esprit demeure dans la sphère du néant. Au-delà de la sphère du néant se trouve celle de « ni connaissance ni non-connaissance », le huitième et dernier *jhana*.

Un jeune moine Theravada lors de son ordination au Cambodge. Son aîné porte l'écharpe blanche des pratiquants laïcs. La concentration méditative sera une partie de l'entraînement du moine.

Un temple en construction à Sri Lanka, dominé par un colossal Bouddha en méditation

Le *Satipatthana Sutra* (fondements de l'attention) est le plus célèbre des discours sur la méditation. Alors que le premier stade de *jhana* (voir p. 45) découle de la pratique de la « concentration juste » prescrite dans le Chemin octuple (voir p. 26), la méditation d'attention vient de « la conscience juste » du Chemin octuple. Si la concentration est utile à l'atteinte de la quiétude *(samatha)*, la conscience claire qui s'élève une fois la quiétude établie peut mener le méditant à l'Éveil complet.

Dans ce *sutra*, le Bouddha analyse les quatre « fondements de la conscience claire ». Pour atteindre une complète conscience, le pratiquant doit se fixer sur les cinq agrégats (*skandhas*, voir p. 29) de l'être humain, c'est-à-dire le corps, la sensation, la perception, les formations mentales et la conscience ordinaire avec leurs traces karmiques. Le Maître décrit les conditions et l'environnement propres à la méditation. Le *bhikkhu* doit se rendre en forêt, au pied d'un arbre ou dans un lieu désert. Assis les jambes croisées, le corps droit, il éveille la claire conscience de sa respiration : « Conscient, il inspire ; conscient, il expire. En pensant "j'inspire lentement", il comprend qu'il inspire lentement. Et ainsi de suite, en de longues ou brèves inspirations et expirations. "Observant les sensations du corps entier, en calmant les activités du corps, je vais inspirer." Ainsi s'entraîne-t-il. »

En observant la respiration, le pratiquant médite sur la vie et le mouvement du corps. Ce n'est pas différent de la concentration qui entre dans un processus non méditatif ordinaire : « Ainsi qu'un intelligent tourneur de bois qui donne un tour long comprend “je tourne long”, ou quand il donne un tour court comprend “je tourne court”, ainsi en est-il de la contemplation du souffle. Il vit ainsi, contemplant le corps de l’intérieur, et contemplant la naissance des phénomènes dans le corps et leur dissolution dans le corps [...]. Il vit ainsi, indépendant et sans s’attacher à rien dans le monde. »

L’exercice est répété à propos des sensations, des perceptions, des objets mentaux et de la conscience. La méditation d’attention peut être pratiquée assis, couché, debout ou en marchant. Une telle conscience aiguë, instant après instant, s’applique à tous les détails ordinaires de la vie : en mâchant, en goûtant, en avalant, en urinant, etc. Par l’observation continuelle de soi, les méditants en viennent à connaître leur vie passée et présente et à en comprendre les changements perpétuels.

L’inspiration et l’expiration sont interprétées comme un signe de vie et de mort. En observant la respiration, le pratiquant développe une conscience approfondie du processus de « montée et de déclin » qui est la marque de toute vie.

Un jeune moine tibétain avec sa famille près d’un temple bouddhiste à Katmandou, au Népal

Plutôt que de développer une « connaissance de soi », la méditation d’attention conçoit la vie comme une série mouvante de processus impersonnels où l’ego se dissout dans le flot des phénomènes. Indifférents dans leur équanimité à la joie ou à la douleur, les pratiquants voient les choses telles qu’elles sont – pleines de souffrance, transitoires, sans soi – telles que le Bouddha les a décrites. Quand cette abstraction devient une expérience, les phénomènes « extérieurs » ou dans la conscience individuelle deviennent simplement ce qui est.

LE CORPS ET LA MÉDITATION DU CHARNIER

La méditation sur le corps est fondée sur deux descriptions de ses caractéristiques. D’abord, le corps est composé de quatre éléments *(dhatu)* : la terre, l’eau, le feu et l’air. L’élément terre donne au corps sa solidité, animée et supportée par les trois *dhatu* mobiles. Le pratiquant est ensuite encouragé à contempler les 32 parties du corps. Il n’y a aucune vertu en soi à connaître la structure du corps, le but de la discipline étant de réduire le sens illusoire du « soi » par la vision d’une personnalité transitoire *(anicca)* et dépourvue de soi *(anatta)*.

Un autre aspect de la méditation d’attention est la méditation sur la mort. De même qu’ils peuvent contempler leur corps vivant et changeant, les *bhikkhus* doivent méditer sur les cadavres. « En outre, disait le Bouddha, si un *bhikkhu* voit un cadavre jeté dans un charnier, il pense ainsi de son propre corps : “Véritablement, mon propre corps est de la même nature que ce corps. Il n’a pas dépassé la condition de devenir tel que ce corps.” » Seule une compréhension courageuse de la mortalité amènera le méditant à une vision claire de la réalité.

Le Bouddha et le surnaturel

Le caractère sublime de l'enseignement du Bouddha voisine étrangement avec des légendes fragmentaires et anecdotiques à propos des circonstances de ses vies passées et de son existence historique. Certaines d'entre elles, telles que les légendes sur sa générosité dans ses vies successives (voir p. 22-23), véhiculent une sagesse ou une moralité qui s'accorde avec son enseignement. Mais tandis qu'en de nombreux récits de la vie du Bouddha, nous pouvons voir l'empreinte de l'Inde ancienne, les autres histoires traitent d'événements surnaturels qui relèvent du folklore.

Comme la majorité des gens de son époque, le Bouddha ne vit pas la raison de ne pas croire en une réalité non empirique. Il parla fréquemment de déités, d'esprits, des cieux et des enfers ; et bien qu'il semble avoir considéré le surnaturel comme de peu d'importance, il semble aussi avoir pris son existence comme allant de soi. Il existe, à ce propos, de nombreuses histoires où des pouvoirs surnaturels sont attribués au Bouddha. Mais bien que le Maître ait le plus souvent découragé ses disciples de pratiquer les arts occultes, on croyait généralement que certains niveaux de méditation s'accompagnaient de pouvoirs magiques comme ceux obtenus par les adeptes yogiques. À l'instar du Bouddha, on a attribué à des *bhikkhus* anciens des prouesses magiques ou chamaniques.

LES LÉGENDES MIRACULEUSES

Les récits les plus extraordinaires des hauts faits du Maître se lisent comme les légendes des héros mythiques et des dieux tels que Krishna dans son incarnation humaine. Entre autres prouesses, le Bouddha vint à bout de grands serpents *(nagas)* qui vomissaient fumée et flammes, lisait les pensées, recevait la visite des dieux, gagnait les Cieux de Trente-trois Dieux pour y enseigner aux mères des bouddhas précédents. Ses deux exploits légendaires les plus célèbres furent le miracle du Pommier et le miracle des Paires.

Dans le premier, le jeune Bodhisattva s'assit de nombreuses heures sous un pommier dont l'ombre bienveillante ne bougea pas.

Le second miracle arriva quand le roi Suddhodana invita son fils – à présent le Bouddha – à la cour. Le Maître arriva accompagné de 20 000 *arhats* (êtres éveillés), mais lorsque quelques-uns de ses parents refusèrent de le reconnaître, « le Bouddha s'éleva dans les airs, des flammes surgirent du haut de son corps et des flots d'eau jaillirent de la partie inférieure. Puis le processus s'inversa. Ensuite, le feu surgit de son côté droit et l'eau du gauche, et ainsi de suite selon vingt-deux variations de paires. Puis il créa une allée de joyaux dans le ciel et y marcha, produisant l'illusion de s'y trouver debout, assis ou allongé. »

Panneau de la porte orientale du stupa *de Sanchi (Ier siècle) : le Bouddha fait un miracle pour convertir Kashyapa, qui sera un disciple majeur.*

Nombreux sont ceux qui trouvent difficile de concilier de tels éléments mythopoétiques de l'histoire du Bouddha avec la nature rationnelle et non déiste de son enseignement. Mais il est clair que les esprits anciens était capables d'intégrer simultanément les dimensions empiriques et surnaturelles. Ce mélange des genres dans le *dharma* du Bouddha, malgré sa richesse et ses métaphores vivantes, semble parfois étrange aux consciences modernes.

Selon la tradition Theravada, le Bouddha déploya ses pouvoirs après ses débats victorieux avec les « non-bouddhistes ». Dans ce manuscrit birman de 1840, du feu émane du Bouddha et, sur la droite, il s'élève dans les cieux.

DEVADATTA ATTENTE À LA VIE DU BOUDDHA

Devadatta, un cousin du Bouddha qui avait rejoint le *sangha* (communauté monastique), essaya par la suite de prendre la tête de la communauté. Mis en échec, Devadatta, avec l'assentiment du roi parricide Ajatasattu, projeta de tuer le Bouddha. L'histoire suggère des tensions entre le *sangha* et le royaume du Magadha, mais son autre intérêt réside dans son contenu surnaturel.

Lors d'une tentative de meurtre, Devadatta précipita un rocher du pic des Vautours sur le Bouddha, où ce dernier prêchait souvent. « Mais deux pics se rejoignirent pour pulvériser le rocher. Seul un éclat tomba, faisant saigner le pied du Maître. » Une autre fois, Devadatta lâcha un éléphant tueur d'hommes sur le Bouddha, « mais le Maître emplit l'éléphant d'un tendre amour. Prenant la poussière aux pieds du Maître pour s'en asperger la tête, l'éléphant se retira en s'inclinant. » Devadatta finit par sombrer dans les enfers.

Après une tentative d'assassinat du Bouddha, les hommes de Devadatta sont frappés de remords (à gauche). Bas-relief du Gandhara (Pakistan/Afghanistan), IIe-IIIe siècle ap. J.-C.

Aussi naïves qu'apparaissent ces histoires, l'incident de la montagne illustre la « vibration sympathique » de l'environnement du Bouddha avec son *dharma*. L'histoire de l'éléphant montre le pouvoir de l'amour *(metta)*.

Les derniers jours du Bouddha

Un texte pali, le *Sutra du grand parinirvana* (grand « *nirvana* complet ») décrit les derniers jours du Bouddha. Le *nirvana* atteint par le Bouddha durant son Éveil se transforme à sa mort en *nirvana* sans résidu humain. Le *sutra* nous montre le Bouddha en son ultime voyage en 486 av. J.-C., et nous promène avec réalisme dans la région où il enseigna quarante-cinq ans durant. Trois principaux éléments – personnels, doctrinaux et historiques – composent cet écrit vivant.

Au niveau intime, le Bouddha, fatigué et malade, cherche le repos sous l'ombre des arbres, conscient de l'approche de la mort. Dans une série de conversations avec son serviteur Ananda, l'équanimité du Bouddha contraste avec la franche désolation d'Ananda. Après une attaque de la maladie, Ananda s'exclame : « À la vue de votre maladie, mon corps s'affaiblit, l'horizon se brouille et mes sens se troublent. » Le Bouddha lui reproche de trop vouloir : « Qu'espère donc le *sangha*, Ananda ? Je vous ai donné la doctrine. Je ne suis pas comme ces enseignants qui gardent un poing fermé sur des enseignements ésotériques. » Ce pourrait être la réponse d'un hinayaniste à un mahayaniste clamant que le Bouddha garda en réserve la « secrète sagesse » révélée plus tard par le Mahayana (voir p. 64). Le Bouddha continue avec cette image saisissante : « J'ai quatre-vingts ans. Mon corps est comme un vieux char uniquement maintenu par des courroies et n'est confortable que lorsque je suis en profonde méditation. »

La doctrine et l'histoire convergent dans les directives du Bouddha pour l'avenir. Pour renforcer la confiance du *sangha*, le Bouddha passe en revue son enseignement sur l'éthique, la méditation

Ce colossal Bouddha couché du XIIe *siècle à Polonnaruwa, au Sri Lanka, fait partie d'un ensemble de quatre grandes statues. Il s'agit du Bouddha à sa mort ou* parinirvana.

LA MORT DU BOUDDHA

Maître de lui, impavide devant la mort, le Bouddha définit quatre futurs lieux de pèlerinage : les lieux de sa naissance, de son Éveil, de son premier sermon et de sa mort. « Mais ne vous embarrassez pas à honorer mes reliques », ajoute-t-il.

Désespéré, la tête appuyée sur le chambranle d'une porte, Ananda pleure amèrement : « Je ne suis qu'un débutant ! – Ne t'afflige pas, Ananda ! La nature des choses veut que nous quittions ceux qui nous sont chers. Toute chose née contient en elle sa propre cessation », réplique le Bouddha, puis il loue la dévotion d'Ananda : « Avec application, Ananda, tu atteindras le *nirvana.* »

Ils atteignent alors Kushinara, « une petite ville de jungle en torchis », comme le disait Ananda, « indigne du *parinirvana* du Bouddha ». Indifférent, le Maître invite le *sangha* à confesser ses doutes concernant le *dharma*. Les *bhikkhus* demeurent silencieux. « Ananda, aucun d'entre eux n'a d'inquiétudes. Tous atteindront l'Éveil, c'est certain. » Puis le Bouddha prononça ses derniers mots : « Écoutez, *bhikkhus*, je dis ceci : toutes les choses conditionnées sont sujettes au déclin. Soyez diligents. »

et la sagesse, et résume le *dharma* en trente-sept points, incluant le Chemin octuple, les Fondements de l'Attention et les Sept Facteurs de l'Éveil. « Tant que les moines formeront un groupe uni, maintiendront les règles du *sangha* et s'entraîneront à la maîtrise de soi, tout ira bien », promet le Maître. Mais il les exhorte : « Soyez votre propre lampe. Soyez votre propre refuge. Maintenez fermement le *dharma*. Ne cherchez pas refuge en dehors de vous-même. Ainsi, vous vaincrez les ténèbres. »

Le Bouddha marche avec Ananda jusqu'à quelques arbres en dehors de la ville de Vesali. « Comme ce lieu est aimable, avec ses arbres sanctuaires, Ananda ! » Puis il laisse entendre qu'il pourrait, à la requête d'autrui, prolonger sa vie surnaturellement. Mais la remarque échappe à Ananda et le Bouddha s'en irrite.

Pourtant, c'est sûr, le Maître est prêt à mourir au moment de son repas. Celui-ci est le don du forgeron Chunda qui a préparé un plat pour le *sangha*. Pressentant un danger, le Bouddha ordonne à Chunda de le servir lui seul et d'enterrer le reste. Bientôt, le Bouddha est frappé d'une dysenterie fatale. Mais il insiste pour que Chunda ne ressente aucun remords, « car celui qui donne au Bouddha son dernier repas acquiert un grand mérite ».

L'Inde ancienne et le bouddhisme Mahayana

Dans les 500 ans qui suivirent la mort du Bouddha, près de vingt écoles monastiques émergèrent en Inde, séparées par différents codes de conduite ou la distance. Vers le Ier siècle ap. J.-C., naquit un nouveau climat religieux. L'insatisfaction due à l'élitisme monacal, la spéculation philosophique intense et l'influence des courants dévotionnels hindous contribuèrent à former le Mahayana (Grand Véhicule). En dépit des conflits de rivalité entre Mahayanistes et Hinayanistes (Petit Véhicule), ces groupes vécurent souvent en bonne entente dans les mêmes monastères.

Il y avait deux tendances dans le Mahayana indien, l'une dévotionnelle, l'autre philosophique. Plus tard, la conquête islamique rejeta le bouddhisme dans l'obscurité et au XVe siècle, il disparut du sol indien. Le XXe siècle a vu un petit renouveau. Grâce à l'*Indian Mahabodhi Society*, les anciens sites ont été restaurés et de nouveaux temples édifiés. D'autre part, de nombreux *harijans* hindous (intouchables) de la côte ouest suivirent le politicien B. R. Ambedkhar en se convertissant au bouddhisme à la fin des années 40. Ces communautés sont actuellement bien établies.

Visage doré d'une statue du Bodhisattva Maitreya (le Bouddha à venir) au monastère de Tiksé, au Ladakh. La figure du Bodhisattva est un élément majeur de la pensée Mahayana. Maitreya se manifestera lui-même comme un bouddha dans un futur lointain, lorsque la doctrine bouddhiste aura été oubliée.

Après le *parinirvana* du Bouddha

Une semaine après la mort du Bouddha à Kushinara, son corps fut emmené à l'est du village. Là, enveloppé de coton et déposé dans une nacelle en fer, il fut brûlé sur un bûcher funéraire parfumé. La nouvelle de la mort du Bouddha se répandit à travers les contrées de la vallée du Gange et des messagers d'État accoururent et réclamèrent les reliques pour leurs maîtres. Comme pour suggérer que le Bouddha lui-même avait consumé ses éléments grossiers, son corps ne laissa aucune cendre. Les ossements restants furent partagés entre huit destinations. Un *stupa* (reliquaire) monumental fut érigé pour marquer chaque sépulture, « huit *stupas* pour les restes, un pour la nacelle de crémation et un pour les cendres de bois. »

À la saison des pluies suivante, les *bhikkhus* s'assemblèrent au monastère de Rajagaha en un premier concile bouddhiste. La communauté du concile, dirigée par Kassapa (Kashyapa) le Grand, était composée des 499 *arhats* choisis par lui. L'objet du concile était l'établissement d'un canon du *dharma* bouddhiste. À cette fin, le *bhikkhu* Upali récita les règles de la discipline monastique *(Vinaya)* avec les détails concernant la création de chaque règle. Puis, Ananda, qui vécut aux côtés du Bouddha comme son serviteur, fut prié de réciter les discours du Maître *(sutras)*. Ananda n'avait pas achevé l'Éveil mais, avant cette récitation, avait réussi par sa méditation à obtenir la liberté intérieure d'un *arhat*.

Les *Sutras* et le *Vinaya* constituent deux des grands corpus (*pitaka*, « corbeille ») des enseignements du Bouddha qui ont été préservés. Le troisième *pitaka*, un immense corpus de textes appelé *Abhidharma* (Analyse, ou *Dharma* additionnel) fut probablement composé plus tard. Bien qu'à cette époque l'écriture fût déjà utilisée pour les affaires et l'administration, les enseignements du Bouddha ne furent pas d'emblée mis par écrit. Des groupes de moines mémorisèrent des traditions particulières dans le canon et préservèrent ainsi le *dharma*.

L'*ARHAT*

Lors de la maladie finale du Bouddha, Ananda est douloureusement conscient qu'il n'a pas atteint l'Éveil ni l'état d'*arhat* (personne éveillée). Le terme désignait ceux qui se sont délivrés de la notion du « soi » et du « mien » et étaient sans désir ni haine ni illusion. Un *arhat*, comme le Bouddha, ne pouvait subir de renaissance. Plus tard, les bouddhistes décrivirent les étapes vers l'état d'*arhat* : « Ceux qui entrent dans le courant » (vers le *nirvana*) ; « Ceux qui retournent une fois », qui auront encore une renaissance ; « Ceux qui ne retournent pas », qui naîtront encore parmi les dieux avant d'entrer en *nirvana*.

Une représentation (XVIIIe siècle) d'un arhat *: un teint doré est un signe de spiritualité avancée.*

LE *STUPA*

La forme en dôme du *stupa* bouddhiste est peut-être dérivée des anciens tertres funéraires des dignitaires tribaux. Les dix *stupas* érigés pour les restes du Bouddha furent bientôt suivis de monuments semblables pour consacrer les reliques des moines et des objets rituels. Les *stupas* étaient généralement offerts par des laïcs et devenaient des objets de méditation pour les pèlerins.

Le symbolisme du *stupa* est complexe et varié. La spire sommitale suggère la compassion du Bouddha. Le dôme lui-même représente le *nirvana*, l'absolu. La base carrée du dôme symbolise les règles morales. Dans la base du *stupa* repose un réceptacle pour les reliques ou les textes bouddhistes.

Quelques *stupas* dégagés par les fouilles révèlent des dômes abondamment sculptés de symboles bouddhiques et de scènes de la vie du Bouddha. Dans la figure de droite, les panneaux décrivent le premier sermon et des récits *Jataka* (voir p. 22-23) ; des guirlandes et des « triples joyaux » décorent la partie supérieure. Des dieux en prière remplissent les bords externes. Des lions et des éléphants gardiens symbolisent le statut royal du Bouddha. Nombre de *stupas* sont entourés de clôtures décorées. Les pèlerins s'inclinent et marchent dans le sens des aiguilles d'une montre autour du *stupa*.

Sculpture du tambour du grand stupa *d'Amaravati. Le Bouddha assis (au centre en bas) fait le geste de protection contre la peur.*

Le Ruwanweli Dagaba à Anuradhapura. Peut-être érigé sous le règne du roi cinghalais Duttha Gamani (101-71 av. J.-C.), cet imposant stupa *restauré est l'un des plus grands jamais construits. Comme l'empereur indien Ashoka (voir p. 58-59) au* III*e siècle av. J.-C., le roi Gamani tenta d'expier des crimes de guerre massifs en propageant le bouddhisme. Selon le* Mahavamsa*, la chronique ancienne de Sri Lanka, la chambre centrale du très solide dôme contient un arbre de* bodhi *(Éveil) en joaillerie, fait de métaux précieux.*

Le bouddhisme dans la société

Le but du Bouddha était double : parvenir à comprendre la vérité qui mène des renaissances au *nirvana* et enseigner cette vérité en établissant une société de moines et de laïcs qui pourraient suivre son exemple. Le Bouddha nouvellement éveillé avait eu d'abord l'idée que son expérience d'éveil était trop subtile pour être communiquée. Il fut néanmoins bientôt convaincu qu'il existait des gens suffisamment intelligents pour comprendre son message.

Pour comprendre et suivre complètement la voie bouddhiste, il était nécessaire de devenir moine, ce qui signifiait abandonner la société et vivre coupé de la vie ordinaire. Les mots « se retrancher », « quitter » et « retrait » reviennent souvent dans les textes bouddhistes. Les moines rasent leurs cheveux et leur barbe, se soustrayant symboliquement aux attachements sexuels et familiaux. Puis ils « quittent » la société et deviennent sans logis. Enfin, ils trouvent des lieux solitaires où méditer. En dépit de cet aspect de retrait, le bouddhisme fut très tôt une force sociale. Le Bouddha passa le plus clair de sa vie dans les villes du nord-est de l'Inde, mêlé aux gens de toutes les conditions, et s'exprima largement sur la nature des responsabilités sociales. Au cœur de la pensée sociale du Bouddha était la vision selon laquelle les gens avaient essentiellement une même origine et devaient prendre soin de chacun avec égalité. « Puissent tous les êtres être heureux » dit un texte célèbre, « Les moines se répandent dans le monde entier avec l'esprit empli d'amitié et de compassion, dénué de haine et de malveillance » dit un autre.

Des enseignements anciens suggèrent que seuls les moines peuvent atteindre le nirvana. *Ces fidèles laïcs en Thaïlande demandent l'aide du Bouddha en* nirvana.

Femmes à Bangkok faisant une puja *(offrande) dans un temple bouddhiste, chantant et offrant de l'encens*

Il y avait, dans le système brahmanique, quatre castes : les *brahmanes* (prêtres), les *kshatriya* (guerriers), les *vaishya* (commerçants) et les *shudra* (ouvriers et serviteurs). Les *brahmanes* justifiaient leur statut en clamant qu'ils étaient « nés de la bouche du dieu Brahma ». À l'opposé, une légende bouddhiste explique que les gens étaient

Les offrandes de nourriture symbolisent la générosité et contribuent à l'accumulation de mérites qui mène le laïc à une renaissance favorable.

LES DISCIPLES LAÏCS

La communauté laïque bouddhiste grandit en même temps que la société monastique. Les moines étaient dépendants des laïcs pour leur nourriture quotidienne et autres nécessités, comme les robes, les rasoirs, les bols et l'asile durant la saison des pluies. À peu d'exceptions près, il était admis que les laïcs ne pouvaient chercher ni atteindre le *nirvana*. Mais il leur était promis une renaissance favorable sur terre ou dans les cieux.

Quand Anathapindada, l'un des plus célèbres soutiens laïcs du Bouddha, approcha de la mort, deux moines vinrent lui enseigner la méditation et le non-attachement. À l'écoute de leurs paroles, le malade pleura. Il n'avait jamais reçu la doctrine supérieure. Comme bien d'autres, Anathapindada avait reçu des instructions sur les cinq préceptes : éviter de tuer, de voler, de mal se conduire verbalement et sexuellement et d'user d'intoxicants. Il renaquit dans les royaumes divins. De nos jours, dans beaucoup de pays bouddhistes, les laïcs reçoivent souvent un enseignement éthique. Les travailleurs ont peu de temps pour méditer. Mais s'ils suivent les cinq préceptes et pratiquent la générosité, ils accumuleront des « mérites » pour de meilleures renaissances.

originellement des « êtres faits d'esprit ». Beaux, désincarnés et naturellement lumineux, ces êtres vivaient nourris de joie jusqu'à ce que l'un deux, un fourbe, prenne un peu de la terre délicieusement comestible qui s'était formée sur les eaux.

D'autres l'imitèrent et en mangeant perdirent leur éclat. La dégénérescence continua : les êtres acquirent un corps, puis l'idée de propriété et la sexualité. Les vols, les punitions et le gouvernement se développèrent. Ces nouvelles gens finirent par instaurer une aristocratie et une prêtrise. Mais en dépit des différences de castes, tous sont issus de ces « êtres ». Comme le disait le Bouddha, si les gens « ont de la poussière sur les yeux », c'est un résultat de leur *karma* personnel et non de leur statut social. Les règles de la communauté monastique étaient fondées sur le respect mutuel et le débat. Tous, des moines aînés aux novices, suivaient la même règle et le Bouddha ne se désigna aucun successeur.

L'organisation de la communauté était modelée davantage à l'image d'une république comme Vajji que d'une monarchie. Le Bouddha souligna néanmoins que dans les monarchies, le roi devait suivre les cinq préceptes (voir plus haut) et veiller à la prospérité de ses sujets. Seul, l'empereur Ashoka tenta de régir la quasi-totalité du subcontinent selon le *dharma* bouddhiste (voir p. 58-59).

L'empereur Ashoka

Un édit sur pilier d'Ashoka à Sarnath (IIIe siècle av. J.-C.), avec un avertissement d'expulsion pour les moines dissidents

Deux siècles après la mort du Bouddha, le royaume nord-est du Magadha (voir carte p. 34) où le Bouddha avait passé une grande partie de sa vie, était devenu un empire s'étendant loin vers l'ouest et le sud de l'Inde. Entre 268 et 239 av. J.-C., cet empire fut gouverné par un empereur remarquable, un laïc bouddhiste, le célèbre Ashoka, dit « le juste » en vertu de sa piété et de son œuvre de diffusion du bouddhisme.

L'empereur avait auparavant appuyé principalement la secte Ajivaka (voir p. 37) et, comme la plupart des rois indiens, pratiquait la tolérance religieuse. Mais après être devenu bouddhiste, Ashoka chercha à gouverner par le *dharma* : la justice, la non-violence et la générosité associées à l'enseignement bouddhiste.

L'empereur disposait d'une administration classique : armée, percepteurs d'impôts, serviteurs civils et ambassadeurs. Mais la réputation d'Ashoka réside dans les édits qu'il fit graver sur les rochers et les piliers érigés à travers son empire.

De son propre aveu, Ashoka ne fut pas toujours pieux. Après une guerre de conquête en Inde orientale, l'empereur traversa une crise de conscience. Dans le plus célèbre de ses « édits sur le roc », en 265 av. J.-C., il proclama publiquement son regret des victimes causées par ses guerre de conquête. « Quand l'aimé des dieux [Ashoka], eut régné huit années, il conquit Kalinga : 150 000 personnes furent réduites en esclavage ; 100 000 autres furent tuées. Par la suite, il y eut plusieurs fois autant de morts. À présent, Ashoka est profondément concerné par la justice et le *dharma* et s'afflige de ses conquêtes. La pensée de la conquête, de la mort et de l'esclavage pèsent lourdement sur l'empereur. L'humanité commune de tous les peuples est un lourd souci pour l'empereur. » Il proclama alors son intention de refréner toute violence future et son espoir que ses descendants feraient de même.

Ashoka fut un bouddhiste pour l'éthique, et ses édits ne disent rien de son éventuel intérêt philosophique.

Mais il était sincère et bien que son empire commençât à décliner peu après sa mort, sa tentative de gouverner par le *dharma* fut unique. Son effort d'unification des royaumes ne se départit jamais de la tolérance. « On devrait honorer la secte des autres hommes [...] je recommande la concorde afin que les hommes puissent écouter les principes des autres », proclame un édit.

Ashoka favorisa aussi la justice : « Dans le passé, il n'y avait pas de hauts dignitaires pour la justice » déclara-t-il. « Je les ai créés treize ans après ma consécration, parmi les serviteurs et les maîtres, les brahmanes et les riches, les pauvres, les vieux, pour leur bienfait et leur bonheur. » Sur un édit de pilier plus tardif, il proclama aussi qu'il avait « planté des banians pour donner de l'ombre aux bêtes et aux hommes [...] des bosquets de manguiers et [...] des puits et des refuges tous les quatorze kilomètres. »

Le Bouddha avait préconisé que les rois soient protecteurs et généreux. Ashoka se conforma à cette injonction. « J'ai fait ces choses, déclara-t-il, afin que mon peuple puisse se conformer au *dharma*. »

La mieux préservée des colonnes d'Ashoka, datée de 243 av. J.-C., sculptée dans du grès poli et gravée de sept édits impériaux, à Lauryiya Nandangarh, au Népal

LE CHAPITEAU AUX QUATRE LIONS

La plupart des inscriptions d'Ashoka sont en dialectes des langues prakrit parlées dans le nord de l'Inde. Mais dans les lointaines régions de l'ouest (Pakistan et Afghanistan modernes), il y a des inscriptions en grec pour les descendants des armées d'Alexandre le Grand et en araméen pour ceux qui connaissaient cette langue de l'Empire perse. La plus célèbre des colonnes d'Ashoka a un chapiteau à quatre lions (à gauche). Le lion symbolise le règne impérial d'Ashoka et la royauté du Bouddha. Le chapiteau aux quatre lions est l'emblème de la République indienne moderne.

La croissance du Mahayana

Environ 500 ans après la mort du Bouddha, aux Ier et IIe siècles ap. J.-C., une révolution majeure se produisit dans la pensée bouddhiste. Le mouvement naquit d'idées longuement mûries dans nombre d'écoles du sud et du nord-ouest de l'Inde. Les nouveaux penseurs bouddhistes appelèrent leur système Mahayana, « Grand Véhicule », et ils décrivirent parfois les anciennes écoles bouddhistes péjorativement comme le Hinayana, le « Petit Véhicule ».

La pensée Mahayana se développa en partie en réponse à la demande des Indiens bouddhistes laïcs. Jusque-là, le bouddhisme avait été surtout l'apanage des moines. Les laïcs étaient exclus d'une participation pleine à l'activité religieuse, et l'*arhat* monacal (personne éveillée) fut de plus en plus considéré comme un aristocrate spirituel sur la voie d'une libération purement personnelle. La doctrine du non-soi (voir p. 28-29) n'avait que peu de sens pour les gens si le pratiquant semblait l'utiliser pour son propre bienfait. Selon la pensée bouddhiste, personne ne peut devenir véritablement un *arhat* s'il n'a consumé la notion du « soi » par sa vision et sa compassion.

Néanmoins, cinq cents ans d'efforts monastiques semblaient avoir quelque peu épuisé la culture bouddhiste, et les vrais *arhats* étaient difficiles à identifier.

Le nouveau collège Mahayana fit appel à la fois aux moines et aux laïcs – l'importance de la laïcité étant illustrée par l'exemple de Vimalakirti, personnage dont la sagesse et la compassion allaient de pair avec son implication dans la vie civile.

Le glissement d'intérêt allant de l'*arhat* vers le *bodhisattva* (l'être d'éveil) est au centre de l'idéal du Grand Véhicule. Dans le bouddhisme ancien, *bodhisattva* désigne une incarnation précédente du Bouddha. Le terme fut élevé par les mahayanistes à son sens littéral : un être d'Éveil dévoué à l'Éveil. Les *bodhisattvas* ont fait le vœu d'atteindre l'Éveil. Mais cet Éveil n'est pas seulement pour eux-mêmes : il est recherché pour la libération des autres. Les vœux des *bodhisattvas* vont plus loin : ils refuseront d'entrer en *nirvana* avant d'y avoir mené tous les êtres avant eux.

Un tel altruisme eut un impact dans le domaine de la foi et de la croyance, car pour achever leur but, les *bodhisattvas* doivent souffrir de renaître pendant d'innombrables ères, des millions de fois. Mais un mortel ordinaire peut faire ce vœu, ce qui amène la compassion universelle au centre de la pratique bouddhiste.

LE SYMBOLE DES FLOTS ET DU BAC

L'image Mahayana du « grand bac » est un symbole cher aux religions indiennes. Les hindous et les jaïns, comme les bouddhistes, conçoivent la souffrance et la renaissance *(samsara)* comme un océan ou le cours d'une rivière qui sépare l'humanité du *nirvana* (Éveil). Les sauveurs jaïns, par exemple, sont appelés « passeurs ». Dans l'un des célèbres discours du Bouddha, le *dharma* (doctrine) est comparé à un radeau.

« Il est certain, dit le Bouddha, que mon enseignement vous fera traverser. Mais une fois sur l'autre rive, qu'a-t-on besoin du radeau lui-même ? Le radeau est fait pour traverser, non pour qu'on s'y raccroche ! »

Cet enseignement du non-attachement à la doctrine bouddhiste sera développé par les philosophes Mahayana.

Le Gange à l'aube. Spécialement lorsqu'il débordait, le Gange a fourni aux bouddhistes indiens le symbole du samsara *sans fin (le cycle des renaissances). Les maîtres Mahayana clamaient que leur doctrine était un « grand bac » destiné à mener l'humanité vers « l'autre rive » du* nirvana *(Éveil). Les mahayanistes reprochaient à leurs opposants Hinayana de ne proposer qu'un petit vaisseau avec lequel seule une élite spirituelle pouvait traverser.*

Les *bodhisattvas*, dans la pensée Mahayana, peuvent être des êtres humains parvenus à la perfection ou des figures mythifiées comme Avalokiteshvara ou Maitreya, le futur Bouddha que l'on croit être déjà à l'œuvre dans l'histoire pour le bien de tous les êtres. Le Bouddha historique lui-même prit la dimension d'une figure déifiée.

Le *bodhisattva* est un adepte des « six perfections » *(paramita)* : la générosité, l'éthique, la patience, l'énergie, la méditation et la connaissance suprême. La générosité est très significative. Quand Avalokiteshvara (Kouan-Yin en Chine, voir p. 93, Kannon au Japon) était sur le point d'entrer en *nirvana*, il y eut une clameur de douleur dans l'univers. Dans un acte suprême de générosité, le *bodhisattva* revint afin de continuer son œuvre de gardien et de sauveur.

Représentation en bronze doré d'un bodhisattva, *probablement le futur bouddha Maitreya. Népal, XIXe siècle.*

Dans les textes pali, le Bouddha est dépeint comme un homme, le prince Siddharta Gautama, qui partit en *nirvana*, laissant le monde sans Bouddha. Les penseurs Mahayana s'interrogèrent : un Bouddha quitterait-il complètement l'existence comme le feraient tout simplement les *arhats*, centrés sur leur délivrance personnelle ? Il en résulta la doctrine des Trois Corps d'un Bouddha *(Trikaya)*. Selon cette doctrine, dans la réalité ultime, et en équivalent du *nirvana*, préside le *dharmakaya* du Bouddha (corps absolu) : c'est l'absolu qui sous-tend tous les phénomènes. Il en émane, sous la forme d'une lumineuse déité, le *sambhogakaya* du Bouddha (corps de jouissance). De ce corps de félicité

LE YOGACARA : L'ÉCOLE DE L'ESPRIT SEULEMENT

Les idées de l'école Madhyamika, développées par Nagarjuna (voir p. 64), furent prolongées quelques temps plus tard par deux innovateurs du Gandhara, Asangha et son demi-frère Vasubandhu. Ils fondèrent l'école du Yogacara, selon laquelle les phénomènes étaient une création de l'esprit individuel, issus d'une conscience « base de tout » *(alaya-vijnana)* permettant le déploiement d'expériences somme toute oniriques. Le *nirvana* était atteint en développant une « pure conscience » dénuée d'objets mentaux trompeurs.

Le Yogacara affirme aussi un absolu appelé « Tel quel » *(tathata)*, une condition inexprimable équivalente à la vacuité *(shunyata)* du Madhyamika. Mais l'équivalence de *shunyata* et du *nirvana* étaye ces deux systèmes Mahayana.

Le *Lankavatara Sutra* (Ve siècle ap. J.-C.), texte majeur du Yogacara, développe à la fois *tathata* et *shunyata*. Ce texte, choisi, semble-t-il, par Bodhidharma, le missionnaire indien en Chine du Sud (voir p. 94-97), sera partiellement à l'origine des idées du Tch'an chinois, et le Tch'an comme le Zen seront des développements du système Yogacara (voir p. 94-97 et p. 112-119).

Avalokiteshvara, le Bodhisattva *qui personnifie la compassion. Bronze du VIIIe-IXe siècle, Betong, Thaïlande.*

émerge le *nirmanakaya* du Bouddha (corps de manifestation illusoire) – le Bouddha sous forme humaine dont il est question ici.

Cette trinité est une en trois. Le *dharmakaya* d'un Bouddha est comme un soleil dont les rayons lumineux seraient le *sambhogakaya* et leur chaleur, le *nirmanakaya*. Or, les rayons et leur chaleur sont inséparables de leur source, le soleil.

Mais en corollaire, cette nouvelle doctrine qui offre une libération dans une sphère de Bouddha se soucie des êtres terrestres. Les fidèles du Mahayana peuvent rendre hommage ou même vénérer le Bouddha, en comprenant que tous les êtres ont la nature de Bouddha. Le pratiquant et son objet de dévotion sont ainsi ultimement identiques.

À un autre niveau de pratique, c'est le travail du pratiquant que de reconnaître le Bouddha en lui-même (une pratique soulignée plus tard par le bouddhisme Tch'an, voir p. 94-97).

Tandis que le Mahayana dévotionnel rapprochait le bouddhisme d'une religion déiste, les philosophes Mahayana menaient le système dans la direction opposée. La base de leur certitude philosophique était une variante de la doctrine ancienne du non-soi (*anatta*, voir p. 28-29). Ceci, dans le Hinayana, supposait que tous les phénomènes sont transitoires et sans caractère essentiel.

La plus influente des nouvelles écoles du Mahayana fut le Madhyamika (la Voie médiane), qui développa cette position jusqu'à suggérer que la vacuité ou l'insubstantialité des phénomènes *(shunyata)* représente un absolu qui est le *nirvana* même. Cet absolu – équivalent au *dharmakaya* des Trois Corps des bouddhas – est indescriptible et inconcevable. C'est le royaume de l'Éveil, ici même, par-delà le changement, la vacuité au-delà du temps. Par vacuité, il faut entendre que les phénomènes n'ont pas d'existence en soi mais apparaissent en dépendance les uns des autres.

Pour ces penseurs Mahayana, tous les symboles dévotionnels tels que le *bodhisattva*, les paradis et les Trois Corps du Bouddha sont des fictions. De telles images sont utiles, d'abord parce qu'elles offrent aux pratiquants une expérience de sublime mystification ; et deuxièmement parce qu'elles pointent vers l'indicible. Mais, arguent les philosophes, la métaphore et la dévotion elles-mêmes sont les matériaux d'un stade illusoire.

Bien plus, le *dharma* entier, la notion d'Éveil et même le Bouddha lui-même sont de simples constructions intellectuelles métaphoriques qui tendent vers une réalité absolue. La réalité absolue n'a rien à faire avec tout ce qui peut être nommé. Seule la vacuité « existe », mais dire cela est encore masquer la réalité, qui est une expérience méditative intuitive et silencieuse, appréhendée sans paroles ni concepts.

La perfection de Sagesse

Le développement du Mahayana fut accompagné d'une profusion de pensée créative. Les plus grands monastères, où les moines se rendaient pour recevoir les instructions de maîtres spécialisés, rassemblèrent des bibliothèques de littérature religieuse indienne. L'université de Nalanda au Bihar fut décrite par des pèlerins chinois du ve siècle ap. J.-C. comme ayant des étudiants, des séries de cours et des entraînements philosophiques bouddhistes en très grande abondance.

Les mahayanistes clamèrent que les nouveaux textes du Mahayana contenaient les mots du Bouddha lui-même, et que le Maître avait caché ses plus importantes découvertes pour près de cinq cents ans à l'abri des royaumes souterrains des *nagas* (rois-serpents). Ce point de vue explique le nom du grand philosophe du Madhyamika, Nagarjuna (l'Arjuna des Nagas), qui résidait à Nalanda et dont la légende dit qu'il serait descendu chez les *nagas*. Les écrivains Mahayana exposèrent leur vision des nouvelles philosophies dans des dialogues entre *bodhisattvas* ou entre le Bouddha et un disciple dans quelque lieu mythologique tel que « le palais des Serpents de mer » ou « le château de Lanka, au sommet du mont Malaya ».

Les ruines d'un temple du VIe siècle à l'université monastique de Nalanda (du Ve au XIIIe siècle), le plus célèbre des centres d'études Mahayana en Inde orientale, au Bihar

Une visualisation tibétaine du roi naga *(serpent) Varuna, assis sur un lotus soutenu par des serpents, avec un lama de la lignée en arrière-plan. Des* nagas *soulèvent le siège de la déité.*

Un groupe important de textes, les *Prajnaparamita*, exposent la « perfection de Sagesse ». Aux côtés de la générosité voisine la sagesse, la vision pénétrante dans la nature de l'existence qui caractérise les *bodhisattvas* (êtres d'Éveil). Le *Sutra du cœur*, ainsi nommé parce qu'il résume l'essence ou le cœur du bouddhisme Mahayana, commence ainsi : « Le *bodhisattva* Avalokiteshvara

Une couverture peinte de Prajnaparamita *du XIIIe siècle montrant la « perfection de Sagesse » comme une déité. Les deux mains centrales de la déesse Prajnaparamita convergent dans le geste de l'enseignement ou du débat. Elle tient un* vajra *dans sa main supérieure droite, symbole de réalité absolue, et dans la gauche, le texte de la* Prajnaparamita *qu'elle personnifie. Elle est entourée de* bodhisattvas *et de formes de* Tara *(la Libératrice).*

LA PERFECTION DE SAGESSE EN TANT QUE DÉITÉ

Paradoxalement, la nature raffinée de la sagesse Mahayana est personnifiée par une déité féminine, Prajnaparamita (perfection de Sagesse). Dans le *Sutra en 8000 vers*, on loue ainsi la déité : « En toi qui es digne de notre hommage, nous trouvons refuge. Tu nous mets à l'abri sous les ailes de l'Éveil. Tu es omnisciente. La Vacuité est ta caractéristique. Tu es la Mère des *bodhisattvas*, la parfaite Sagesse de tous les bouddhas, et tu fais tourner la Roue du *dharma*. »

La déité, semblable à une déesse hindoue, a quatre bras pour suggérer ses multiples attributs. Ses mains font les différents gestes rituels *(mudra)* de l'enseignement, du débat et de la protection contre la peur. Le lotus, symbole de pureté et de perfection, est son emblème.

---

pratiquait la profonde perfection de Sagesse [la sagesse allée au-delà] et considérant les choses, vit que les cinq agrégats [de la personnalité, voir p. 29] avaient pour nature profonde la vacuité. » Puis le texte explore la « vacuité de tous les phénomènes ». Parlant à Sariputra, un disciple du Bouddha, le *bodhisattva* dit : « Ô Sariputra, la forme est vacuité, la vacuité elle-même est forme. La vacuité n'est autre que forme, la forme n'est autre que vacuité. Il en est de même des autres composants de la personnalité. »

Puis, dans une étonnante envolée de négations, il intègre tous les enseignements du Bouddha dans la vision de la vacuité. Le Bouddha a enseigné que la souffrance et la renaissance ont pour racine l'ignorance. Le *bodhisattva* proclame à présent : « Il n'y a ni ignorance ni élimination de l'ignorance ; ni souffrance, ni Chemin octuple, ni atteinte ni non-atteinte de l'Éveil. »

La perfection de Sagesse mentionne un *nirvana* sur l'autre rive de l'océan du *samsara*.

Les écrivains Mahayana ont poussé plus loin leurs négations. Une fois parvenu sur l'autre rive, le voyageur spirituel réalise qu'elle est identique à « cette rive-ci ». Le *nirvana* n'est pas un au-delà mais réside ici, dans le *samsara*. « Allez, allez, allez au-delà, allez complètement au-delà ! » conclut le *Sutra du cœur*. Mais cet « au-delà » n'est pas un lointain royaume mythique de *bodhisattva*. Il est ici-même, dans l'apparence qui est vacuité.

Le Theravada ou bouddhisme du Sud

Pour beaucoup, l'idée du bouddhisme est plus vivement représentée par les moines à la robe orangée. Aujourd'hui, cette robe, symbole de renoncement, est encore portée par les moines de Sri Lanka et du Sud-Est asiatique, là où le Theravada (la doctrine des Anciens) domine. Alors que le Mahayana (Grand Véhicule) était adopté par les peuples du nord de l'Inde, la plupart des nations du Sud et du Sud-Est asiatique héritèrent du Theravada, qui provient d'une école conservatrice de l'ancien Hinayana indien (Petit Véhicule). Cette école, telle qu'elle est codifiée dans l'ancien Sri Lanka, est pratiquée en Birmanie, à Sri Lanka, au Laos, en Thaïlande et au Cambodge.

Le secret de longévité du Theravada réside dans trois tendances : sa stricte adhésion à la lettre des écrits pali (voir p. 71), son habileté à créer de puissantes institutions monastiques en entretenant des liens avec les gouvernements séculaires et son aptitude à absorber les éléments des religions populaires non bouddhistes. Au contraire, depuis le XIXe siècle, nombre d'Européens ont été attirés par les éléments rationnels et psychologiques du Theravada. Ce sont surtout ces aspects non métaphysiques qui ont, dans les deux dernières décennies, amené tant d'Occidentaux à la méditation Theravada.

Une vue de Borobudur, le vaste monument du IXe siècle au centre de Java. Massivement orné de scènes bouddhistes en plein ou en bas-relief, cette montagne-temple en forme de mandala est unique dans l'histoire architecturale du bouddhisme.

L'établissement du bouddhisme à Sri Lanka

Le Thuparama Dagaba du IIIe siècle av. J.-C. à Anuradhapura, le plus vieux stupa *de Sri Lanka, dont on dit qu'il contient la clavicule du Bouddha et une relique de son bol d'aumônes.*

Le bouddhisme arriva à Sri Lanka aux environs de 250 av. J.-C., à la fin du règne d'Ashoka en Inde. L'empereur avait porté le bouddhisme jusqu'aux confins nord-est et sud du sous-continent. Selon le *Mahavamsa* – la chronique de l'histoire ancienne de Sri Lanka – ce fut l'un des fils d'Ashoka, le moine Mahinda, qui introduisit le *dharma* dans l'île. Avant son arrivée, quelques religions régnaient à Sri Lanka : brahmanisme, cultes ancestraux et animistes de la nature.

La mission de Mahinda commença près d'Anuradhapura, la capitale. En rencontrant Mahinda et ses sept compagnons, le roi Devanampiya-Tissa s'arrêta pour écouter un récit du *dharma*. Convaincu par le discours de Mahinda et son sombre récit des renaissances dans le *samsara*, le roi l'invita à Anuradhapura, où le jeune moine prêcha dans un parc à l'extérieur de la ville. Un jour, le roi présenta un autre parc au *sangha* (communauté) : on y fonda le Mahavihara, le Grand Monastère.

« À présent, le bouddhisme est-il établi ici ? » demanda le roi. Deux textes narrent la réplique du *bhikkhu*. Dans l'un, Mahinda dit que le *dharma* serait établi lorsqu'il y aurait une

Le Kantaka Cetiya, un ancien stupa *sri lankais (Ier ou IIe siècle av. J.-C.), édifié à Mihintale sur le site où Mahinda prêcha pour la première fois. Le terrain rocheux en bas à droite abritait des grottes pour les moines.*

enceinte *(sima)* autour du monastère pour les « actes du *sangha* ».

« Grand roi, dit Mahinda dans le second texte, le *Sasana* [enseignement] est établi, mais ses racines sont superficielles.

– Quand ses racines s'enfonceront-elles ?

– Quand naîtra un fils de Sri Lanka, de parents sri lankais, qui deviendra moine à Sri Lanka, étudiera le *Vinaya* à Sri Lanka et le récitera à Sri Lanka. Alors, les racines du *Sasana* seront profondément ancrées. »

Tandis que la première histoire reflète le cérémonial monastique orthodoxe, la seconde révèle l'étroite et longue relation entre le bouddhisme et Sri Lanka. Pendant plus de 2 000 ans, la plupart des Cinghalais ont identifié le bouddhisme avec le fait d'être sri lankais. Importante dans cette histoire est l'image de l'arbre, si symbolique dans le bouddhisme ancien. Selon le *Mahavamsa*, le roi, après sa conversion, envoya quérir en Inde une branche de l'arbre d'Éveil à Bodhgaya. Une sœur de Mahinda, la nonne Sanghamitta, revint avec une branche de l'arbre de la *bodhi*, que l'on planta à Anuradhapura. Le *dharma* s'enracina ainsi fort tôt dans l'île.

L'arbre de la bodhi, *un rejeton probable de la branche de Sanghamitta, actuellement à Anuradhapura*

Le temple de la dent à Kandy, du XVIe siècle. Les rituels quotidiens vénèrent la relique de la dent du Bouddha.

LES RELIQUES ET LES MONUMENTS DU ROYAUME BOUDDHISTE ANCIEN

Selon les chroniques, Mahinda supervisa la construction des monastères près d'Anuradhapura. Simultanément, il envoya quérir des reliques bouddhistes en Inde. Celles-ci comprenaient le bol à aumônes du Bouddha et sa clavicule droite. Plus tard, une relique de cheveux et, au IVe siècle ap. J.-C., la dent du Bouddha, parvinrent à Sri Lanka. La dent est encore préservée à Kandy. Pour enchâsser les reliques, des *stupas* furent érigés. Pour la clavicule, on construisit le premier *stupa* du pays, la Thuparama Dagaba à Anuradhapura. Très restauré, le grand dôme encerclé de vieilles colonnes est encore visible à Anuradhapura, à présent dans un grand parc. Durant les principales fêtes, il accueille des centaines de milliers de fidèles, qui pique-niquent en famille parmi les ruines et offrent des *puja* à l'arbre de *bodhi*.

Avec ses *stupas*, ses bâtiments monastiques, ses réservoirs et ses statues de Bouddha, Anuradhapura est l'un des plus grands sites sacrés du monde. Près de là, à Mihintale, il y a d'autres monuments importants, sur le site du premier sermon de Mahinda au roi Devanampiya-Tissa. Les ruines plus tardives de Polonnaruwa (IXe siècle), qui montrent des influences culturelles hindoues et Mahayana, sont cependant plus élaborées.

Le bouddhisme Theravada à Sri Lanka

L'enclos d'un temple au Laos moderne, où le Theravada fut introduit de Sri Lanka.

Sri Lanka est à une longueur de ferry-boat de la pointe de l'Inde du Sud. Par ce petit pas, au IIIe siècle av. J.-C., 2 000 ans d'histoire du bouddhisme méridional se sont solidement implantés. Le bouddhisme disparut de la terre indienne au XVe siècle. Mais dans la proche Sri Lanka – tout comme en Thaïlande, en Birmanie, au Laos et au Cambodge – l'école Hinayana appelée Theravada fleurit encore.

Le Theravada (la doctrine des Aînés) fut l'une des plus anciennes et des plus conservatrices des écoles indiennes. Au milieu du IVe siècle av. J.-C., il s'était déjà scindé de la communauté Mahasanghika majoritaire. Le débat portait sur la nature des *arhats*. Un *arhat* pouvait-il avoir des fantasmes érotiques ? Était-il possible pour quiconque avait des émissions nocturnes d'aller en *nirvana* ? Tandis que les Mahasanghikas clamaient que les moines ayant quelques imperfections pourraient être *arhats*, les aînés insistaient sur le fait qu'un *arhat* était quelqu'un de dénué de toute souillure.

Dans les siècles suivants, d'autres divisions apparurent et une fois le Theravada établi à Sri Lanka, des schismes se produisirent. Le Mahavihara (Grand Monastère) eut deux monastères rivaux – avec des doctrines presque identiques – près d'Anuradhapura. Alors que le bouddhisme Mahayana, l'hindouisme et le Tantra avaient une faible place dans la communauté religieuse, les aînés du Grand Monastère gagnèrent une influence décisive à Sri Lanka et dans le Sud-Est asiatique.

Toutefois, la pression des forces extérieures fit changer le *sangha* (communauté) sri lankais. La première menace

L'immense Bouddha taillé dans le roc à Avukana (IXe siècle), le bras levé en abhaya *(geste « contre la peur »)*

significative vint en 43 av. J.-C. quand Sri Lanka fut attaquée par les forces tamoules de l'Inde. Pendant quelques années, l'île fut ravagée par la guerre et la famine.

C'est durant cette période, selon les chroniques sri lankaises, que les chefs monastiques décidèrent de mettre les textes Theravada en sécurité. Même si le *sangha* était détruit, les mots du Bouddha survivraient au moins à la calamité. Les enseignements, jusque-là préservés dans la mémoire des *bhikkhus*, devinrent les écritures pali.

L'un des nombreux stupas *anciens à Odong, au nord de Phnom Penh, la capitale du Cambodge du* XVII*e au* XIX*e siècle*

LES ÉCRITURES PALI

Tandis qu'une immense quantité de textes sanscrits du Mahayana ont été préservés dans les traductions tibétaines et chinoises, la plupart des textes Hinayana en langues indiennes d'origine ont été perdus. On suppose que la plupart des écoles Hinayana avaient leur propre canon littéraire, mais seul celui du Theravada, transcrit en pali, a survécu dans sa totalité. Personne ne connaît l'origine du pali ni de sa parenté avec le sanscrit ou la langue du Magadha que le Bouddha a pu parler. Mais pendant 2 000 ans on utilisa le pali, langue savante des bouddhistes du Sud, pour les écritures Theravada et leurs commentaires. Le canon Theravada, le *Tipitaka* (les Trois Corbeilles, en sanscrit *Tripitaka*) comprend :

1. Le *Vinaya* (discipline), les règles monastiques *(Patimokha)*, avec commentaires et récits des incidents historiques et légendaires qui ont justifié chaque règle.

2. Les *Suttas* (sanscrit *Sutras*) en cinq groupes *(nikaya)* :

Digha-Nikaya (34 longs *suttas*) ;
Majihima-Nikaya (152 *suttas* moyens) ;
Samyutta-Nikaya (5 livres de *suttas* liés et versifiés) ;
Anguttara-Nikaya (11 groupes de dix *suttas* chacun) ;
Khuddaka-Nikaya (près de 15 livres incluant les contes *Jataka*, les poèmes dévotionnels des *Sutta-nipata*, *Udana* et des *Vers des anciens*, et le fameux *Dhammapada*) ;

3. L'*Abhidhamma* (*Dhamma* supplémentaire, en sanscrit *Abhidharma*) : 7 livres qui systématisent et catégorisent les éléments de l'enseignement contenus dans les deux autres « corbeilles ».

La littérature pali est très augmentée par les commentaires, la plupart écrits par des Cinghalais médiévaux et des moines érudits indiens.

Les écritures pali sont surtout préservées sur des manuscrits en feuilles de palme. Mais cette plaque incrustée d'or contient le plus vieux texte trouvé en Birmanie, preuve vivante du bouddhisme birman au V*e siècle.*

La diffusion du Theravada

Le grand Bouddha du temple Gal Vihara à Polonnaruwa, du XIIe siècle. Un moine Theravada arrive pour mener une puja.

Le Theravada a été historiquement la plus forte des écoles Hinayana. Mais la plupart des monastères s'appuyant sur un fort soutien royal, le Hinayana perdit du terrain en Inde après la mort d'Ashoka. L'émergence du Mahayana aux Ier et IIe siècles ap. J.-C. contribua aussi à son isolement. Même à Sri Lanka, le Theravada fut marginalisé pendant quelques siècles. Une renaissance bouddhiste au XIIe siècle sous le règne du roi Parakkramabahu (1153-1186) restaura sa prédominance jusqu'aux invasions européennes successives.

La tradition Theravada a été préservée au Mahavihara et aux deux monastères rivaux, près d'Anuradhapura. Un nouveau monastère, à Polonnaruwa, inaugura un renouveau Theravada dans l'érudition, l'influence politique, l'art et l'architecture. Dans le même siècle, le Theravada de Sri Lanka essaima et s'établit dans l'Asie du Sud-Est, d'abord en Birmanie où des moines cinghalais convertirent le roi. La Thaïlande suivit un siècle plus tard tandis que le Cambodge et le Laos adoptaient le Theravada au XIVe siècle.

Alors que le bouddhisme se mourait en Inde, le Theravada, quant à lui, s'enracina dans l'Asie du Sud-Est où il est resté prédominant jusqu'à ce jour.

De jeunes moines Theravada avec leur bol de nourriture à la porte d'un temple en Thaïlande

Des femmes du cru apportent de la nourriture. Les moines doivent manger avant midi.

*La Shwe Dagon Pagoda de Rangoon (*XIV*e*-XV*e* *siècle) est l'une des constructions les plus riches et les plus décorées du Sud-Est asiatique. Avec ses flèches dorées et ses sanctuaires luxueusement décorés, elle brille sur l'horizon céleste de la cité, telle un « rappel » (*cetiya*) du visage doré du Bouddha. Les flèches, spécifiques à la Birmanie, sont des versions des ombrelles royales étagées qui surplombaient les premiers* stupas *indiens.*

BUDDHAGHOSA, LE GRAND ÉCRIVAIN ET TRADUCTEUR

Né au Nord de l'Inde dans une famille non bouddhiste, Buddhaghosa fut le plus influent des penseurs Theravada. Les légendes le concernant nous viennent de chroniques telles que le *Mahavamsa*, et l'homme lui-même est représenté par une immense quantité de commentaires et de traductions composés à Anuradhapura.

Buddhaghosa signifie « la voix du Bouddha » et la tradition joue fréquemment là-dessus : « Le Bouddha établit le *dharma*, mais il trouva sa voix en Buddhaghosa », dit une source. Une autre proclame : « Il était comme le Bouddha sur terre. » Lorsque le jeune *bhikkhu* arriva à Anuradhapura, il fut soumis à un test avant d'être autorisé à lire les commentaires cinghalais des écritures. Sommé de commenter un vers, Buddhaghosa s'assit et écrivit le *Visuddhi-Magga* (la voie de la Pureté), un gros volume sur la méditation bouddhiste. Ce classique pali fut suivi de sa traduction pali des commentaires au *Tripitaka* (voir p. 71) originellement en cinghalais, puis par ses propres commentaires. Depuis le Ve siècle, bien peu d'interprétations scripturaires de la pensée Theravada sont dépourvues du sceau de l'autorité de Buddhaghosa.

LA BASE HISTORIQUE DU BOUDDHISME THERAVADA

« Abandonnant la violence à l'encontre de toutes choses vivantes [...] on devrait errer seul tel l'unicorne », ainsi débute un poème du *Suttanipata* (voir p. 71). L'idéal du *bhikkhu* (moine) renonçant au monde prévaut dans quelques écrits Theravada, mais très tôt les monastères bouddhistes n'auraient pu survivre sans le patronage royal et des liens étroits avec les communautés proches.

Les reclus bouddhistes ont toujours existé. Mais puisque les laïcs fournissent nourriture, vêtements et médicaments aux moines, même les plus isolés des *bhikkhus* tendent à vivre aux environs d'un village. La relation moines-laïcs procure des bénéfices mutuels. En retour des aumônes, les moines enseignent et officient dans les fêtes communautaires. Cette relation sociale avec la laïcité a toujours été vitale pour le Theravada.

En Thaïlande, l'influence de la monarchie est depuis longtemps centrale ; la famille royale est depuis le XIXe siècle étroitement associée au bouddhisme. Le peuple thaï eut la chance d'échapper à la colonisation des pouvoirs occidentaux expansionnistes. Mais à Sri Lanka, la tradition Theravada fut profondément érodée par des impérialismes successifs : les Portugais au XVIe siècle, puis les Hollandais et enfin les Anglais. Une renaissance bouddhiste à la fin du XIXe siècle ramena le bouddhisme sri lankais dans les consciences cinghalaises.

Moines et laïcs dans le bouddhisme Theravada

L'ordination des moines dans le *sangha* Theravada (communauté monastique) suit une lignée ininterrompue depuis le Bouddha lui-même. Le *sangha* comprend « quatre assemblées » : les moines, les nonnes, les laïcs hommes et femmes *(upasaka)*. La tradition Theravada de l'ordination des femmes s'interrompit au ve siècle ap. J.-C. Néanmoins, les femmes peuvent de nos jours prendre la robe et vivre une existence monastique, mais elles ne peuvent participer à toutes les affaires du *sangha*.

Une nonne faisant ses dévotions à la Shwe Dagon Pagoda à Rangoon, en Birmanie

La structure de la vie monastique est déterminée par les règles inscrites dans la « corbeille » des textes Theravada appelée *Vinaya*. Quelques versions se développèrent au cours des siècles, mais la version pali est la seule version Hinayana complète à subsister. Ce fut le code adopté par le Grand Monastère à Anuradhapura, et de nos jours les moines Theravada de Sri Lanka et du Sud-Est asiatique suivent cette règle.

L'ordination a lieu en deux étapes. D'abord, à l'âge limite de huit ans, il y a le « départ » de la vie laïque vers le noviciat. Après une période d'entraînement, l'ordination complète peut suivre à l'âge de vingt ans. Les novices suivent les dix préceptes (voir p. 41) ; les *bhikkhus* en robe safran doivent obéir aux 227 règles du *Vinaya* stipulées dans le *Patimokha*. L'ordination est une chose simple, et le retour à la vie laïque n'impliquant aucun déshonneur, les hommes deviennent moines pour de courtes périodes. En Thaïlande, la plupart des garçons ont la tête rasée et sont ordonnés au moins une fois pour quelques semaines. Beaucoup d'hommes reprennent la robe pour des périodes limitées, particulièrement lors des trois mois de *vassa* (saison des pluies), quand la vie monastique est la plus influente et la plus intense. Toute la vie monastique étant liée au *Vinaya*, la période commune

Moines thaïs lors d'une cérémonie d'ordination. Ils échangent la robe blanche des fidèles laïcs pour la robe jaune monastique.

L'ordination des moines est célébrée avec des bannières très colorées, des parasols et des défilés d'éléphants en parure de fête, comme ici dans cette procession rurale en Thaïlande.

la plus importante est le jour de l'observance *(uposatha)* où l'on récite le *Patimokha*, à la nouvelle et à la pleine lune. L'un de ces jours, les moines confessent publiquement leurs fautes.

Le quotidien d'un *bhikkhu* ne se limite pas à l'enclos *(sima)* du monastère. Même de nos jours, alors que de nombreux monastères sont dotés des nécessités vitales, les moines sortent pour leur aumône matinale, et rentrent pour manger avant midi comme le prescrit le *Vinaya*. D'autres, spécialement en Thaïlande, voyagent entre les monastères et font des pèlerinages. Parfois, la majeure partie du temps d'un moine est dévouée aux laïcs – lors des funérailles et autres événements qui demandent une bénédiction monastique, et dans l'éducation séculaire et religieuse. En aidant les moines avec la nourriture et les « huit nécessités », incluant les robes, le rasoir, le bol, le bâton et le filtre à eau, les laïcs accumulent des mérites *(punna)* ; et en donnant aux laïcs ces occasions, les *bhikkhus* accroissent aussi les *punna* qui mènent à une renaissance favorable.

LA « GRANDE » ET LA « PETITE » TRADITION

Plutôt que d'étouffer les religions prébouddhiques de Sri Lanka et de l'Asie du Sud-Est, la « grande » tradition du bouddhisme monastique s'est accommodée des croyances populaires. Quoique érudits, nombre de moines participent à un « *dharma* populaire » où se mêlent bouddhisme, culte des esprits et des ancêtres, avec des emprunts au Mahayana, au Tantra et à l'hindouisme. En Birmanie, la vieille religion des 36 esprits *(nat)* est intégrée au bouddhisme populaire, le Bouddha ayant reconnu les « trente-six *nat* ». Les moines instruits ne voient aucune raison de déprécier les cultes populaires et font habituellement les offrandes *(puja)* aux images d'origine religieuse mêlée. Quelques moines se spécialisent dans les pratiques occultes non orthodoxes, l'astrologie, l'exorcisme et la divination. Cette frontière ouverte entre la « grande » et la « petite » tradition a donné au Theravada vigueur, tolérance et souplesse au cours des siècles.

Les monuments bouddhistes de l'Asie du Sud-Est

Précédé par l'hindouisme et le Mahayana, le Theravada parvint en Birmanie et en Asie du Sud-Est au Vᵉ siècle ap. J.-C., mais son établissement demanda plusieurs siècles. La pérennité des groupes religieux dépendait du patronage royal et, comme ceux des Indes, les rois du Sud-Est asiatique, pratiquaient la tolérance religieuse. Le Theravada s'affirma en Birmanie lorsque les monastères et les *cetiya* (« rappels du Bouddha » sous forme de *stupas*) furent placés sous la protection royale. Au VIIIᵉ siècle, il y avait déjà une capitale birmane à Pagan, mais la Birmanie était encore divisée. L'unification date du XIᵉ siècle, lorsque le roi Anawrahta (1044-1077) envahit le Sud et emmena les moines Theravada, la royauté Mon méridionale et les artisans Mon à Pagan. Il s'ensuivit deux siècles de constructions prodigieuses, synthèses des styles Birman et Mon sur des architectures de modèle indien. Pagan jouit d'une incomparable splendeur durant cette période. Conquise par Koubilaï Khan en 1287, Pagan, malgré la disparition de ses palais en bois de teck et de ses monastères, révèle aujourd'hui les ruines de cinq mille édifices religieux, conservés par le climat sec et chaud.

Sa splendeur réside dans sa dimension extraordinaire, dans les formes splendides de ses *cetiyas* de brique à moitié en ruine et l'éclat du stuc blanc du grand temple restauré d'Ananda (vers 1105 ap. J.-C.). Les styles architecturaux y sont variés, mais un modèle de *cetiya* en trois parties prédomine : une base étagée pyramidale surmontée d'un *stupa* en cloche et couronnée d'une flèche. Dans son ensemble, le *cetiya* de Pagan suggère le

Deux grands temples de Pagan : à gauche, le gracieux temple Ananda du XIᵉ siècle, avec sa tour de style indien et ses stupas *environnants ; à droite, le temple That-byin-nyu («l'Omniscient »).*

Une vue aérienne de Borobudur, le spectaculaire monument bouddhiste du IXe siècle au centre de Java

**AU CENTRE DE JAVA :
CHANDI MENDUT ET BOROBUDUR**

Tandis que le Theravada dominait l'Asie du Sud-Est, le Mahayana et le Vajrayana s'implantaient en Indonésie. Les monuments bouddhistes du centre de Java sont parmi les plus grandes œuvres d'architecture au monde. Deux d'entre elles (vers 800 ap. J.-C.) sont particulièrement spectaculaires. L'une est Chandi Mendut, une pyramide de pierre magnifiquement décorée abritant dans un sanctuaire d'immenses statues d'un bouddha assis et de deux *bodhisattvas*.

Mais la plus extraordinaire est Borobudur, une pyramide de cinq terrasses carrées s'étageant vers le haut et supportant trois terrasses rondes où des *stupas* ajourés abritent des bouddhas grandeur nature. Au sommet, un *stupa* rond et vide. Une vue aérienne montre que Borobudur était un *mandala* (voir p. 144-145), et que l'édifice était un objet de méditation. Il est en trois parties. La plus basse correspond au *kamadhatu*, le monde du désir. La seconde représente le *rupadhatu*, le monde des dieux. Enfin, la troisième est l'*arupadhatu*, la sphère du sans-forme. Chacune des terrasses carrées est un déambulatoire que rejoignent des escaliers décorés de bas-reliefs. Ceux-ci illustrent des textes bouddhistes selon les symboles propres à chaque niveau. En circulant, les fidèles parcourent un cosmos qui embrasse l'histoire bouddhiste et la progression spirituelle. S'ils n'achèvent pas le *nirvana* de la plus haute strate, du moins font-ils l'expérience de toutes les possibilités humaines. Puisque le Vajrayana enseigne l'indistinction des niveaux de conscience les plus bas et les plus hauts (voir p. 138-139), ce contact physique avec le mandala de Borobudur procure une expérience intime de l'unité bouddhiste.

La terrasse supérieure de Borobudur, avec un grand Bouddha et des stupas *ajourés dans l'arrière-plan*

mont Meru (l'axe cosmique) et la montagne sacrée de la région, le mont Popa des déités *nat* birmanes. Construire un *cetiya* était donc un acte de grand mérite. Comme leurs modèles indiens, beaucoup de *cetiyas* était originellement massifs. Quelques-uns furent par la suite creusés dans le style des temples hindous, pour y aménager autels et passages. La surface des *stupas* était magnifiquement décorée : le stuc blanc abondait en guirlandes, urnes, lotus, monstres marins et autres motifs issus de la sculpture indienne bouddhique. La dorure – plus strictement réservée aux flèches flamboyantes si caractéristiques de l'architecture des toits birmans – suggérait l'aspiration à s'élever tel un dragon et l'effort ardent *(tejas)* de l'ascétisme monacal.

Le bouddhisme en Chine

Le bouddhisme chinois offre un tableau saisissant de continuité et de transformation. En s'étendant vers l'est, le bouddhisme indien conservait un grand degré d'intégrité. Mais lors de son avancée en territoire chinois, il se heurta au taoïsme et au confucianisme, des traditions chinoises établies de longue date. Pour survivre, le bouddhisme dut devenir chinois. Sa souplesse fut testée comme jamais auparavant. Les grandes traductions des textes sanscrits facilitèrent l'implantation du bouddhisme dans la culture chinoise et la prolifération de nouvelles idées, qui culminèrent dans la contribution la plus originale de la Chine au bouddhisme : le Tch'an ou plus tard le Zen. Le Tch'an, école de l'expérience méditative directe, apparut notamment en réaction à l'érudition académique. Les approches intuitive et scolastique ont eu toutes deux une profonde influence sur le développement du bouddhisme.

La pression sur le *dharma* vint aussi des idées indigènes. Le bouddhisme n'a jamais succombé en Chine, mais il y eut lors des 500 dernières années une absorption mutuelle entre écoles. Une religion syncrétique naquit, issue des écoles bouddhistes, taoïstes et confucianistes. Bien qu'au XXe siècle, ces tendances aient été dévastées par les idées occidentales et par le communisme chinois, le bouddhisme fleurit encore à Taiwan, Hong Kong et Singapour, et renaît en Chine continentale.

Le Bouddha en parinirvana, *entouré de ses disciples en deuil. Sous l'arbre de joyaux en haut à gauche, un moine frappe un bol sonore trois fois, ce qui signifie Bouddha,* dharma *et* sangha. *Rouleau de soie du XIIIe siècle (dynastie Yuan).*

La diffusion du bouddhisme vers l'Orient

Le bouddhisme se propagea lentement. Il fallut attendre trois cents ans après la mort du Bouddha pour que le *dharma* s'étende hors de l'Inde. L'empereur indien Ashoka, converti au bouddhisme en 260 av. J.-C., envoya avec succès des moines en mission à Sri Lanka puis au royaume du Gandhara (Nord Pakistan, Afghanistan oriental), conquis par Alexandre le Grand en 327 av. J.-C. Les armées perses repoussées par Alexandre, et les colons grecs laissés sur place avaient véhiculé leurs propres idées zoroastriennes et grecques. Ces influences, mêlées de cultes locaux, absorbèrent rapidement le bouddhisme et facilitèrent sa transformation. De là, via les échanges cosmopolites entre l'Inde et ses voisins du nord-ouest, nombre d'idées du Hinayana et du Mahayana furent véhiculées vers l'Est jusqu'en Chine.

Le commerce entre les deux grands pouvoirs, Rome et la Chine, fut largement responsable de l'expansion orientale du bouddhisme. Les routes des caravanes longeant les déserts de l'Asie centrale étaient desservies par une série de villes-oasis prospères que les Chinois finirent par protéger contre les incursions des Huns et des Turcs vers 50 av. J.-C. Les moines et les pèlerins bouddhistes s'y établirent, construisant des monastères et prêchant parmi les Turcs, les Mongols, les chrétiens nestoriens et les voyageurs et résidents chinois. De ces villes dans le désert, le bouddhisme se propagea naturellement dans les provinces ouest de la Chine.

L'existence de ces centres bouddhistes d'Asie centrale ne fut complètement révélée qu'au début de ce siècle par des érudits occidentaux tels que Paul Pelliot et Aurel Stein, lequel mena trois longues expéditions dans le désert Taklamakan. D'importants manuscrits bouddhistes Mahayana en sanscrit et dans les langues d'Asie centrale telles que le khotanais furent exhumés des sanctuaires et des monastères ensablés depuis près de deux millénaires. Une nouvelle aire de culture bouddhiste, reliant l'Inde et le Gandhara à l'ouest au bouddhisme chinois à l'est, était découverte.

Le bodhisattva *Avalokiteshvara sur un lotus, une pousse de saule dans la main levée et la figure du Bouddha Amitabha dans la chevelure. Le donateur de cette tenture et sa sœur figurent sur les côtés. Les inscriptions sont des prières pour la paix et pour renaître dans la Terre pure. Tenture votive en soie du Xe siècle, Dun-huang.*

LES SANCTUAIRES DES GROTTES DE DUN-HUANG

La découverte la plus spectaculaire de Stein et de Pelliot eut lieu à Dun-huang, aux confins du Turkestan chinois. Cet avant-poste occidental de la Chine marquait le début de la route de la Soie à travers l'Asie centrale. Grand centre monastique du IVe siècle ap. J.-C. jusqu'à l'invasion tibétaine de 759, Dun-huang présente des centaines de grottes creusées dans les falaises, pleines de magnifiques peintures murales et de sculptures en argile. Les fresques des premières grottes sont fortement influencées par l'Asie centrale, le Gandhara et même les styles européens. Dans les grottes plus tardives, une influence chinoise s'est affirmée. L'une de ces grottes, soigneusement scellée depuis plus de mille ans, contenait des bannières rituelles parfaitement conservées et des manuscrits qui témoignent de l'importance de Dun-huang comme centre cérémoniel et d'érudition bouddhiste.

Le Bouddha au pic des Vautours, où il révéla le Sutra du Lotus. Peinture du VIIIe siècle, Dun-huang

Iconographie bouddhiste en style gréco-romain du IIIe siècle, Gandhara (vallée du Swat, Pakistan), montrant le parinirvana *du Bouddha*

LA REPRÉSENTATION DU BOUDDHA

Les cultures prospères du Gandhara, nourries par le commerce des métaux précieux de l'Inde et de la soie chinoise, produisirent un art bouddhique et une iconographie uniques. Les sculpteurs de pierres grecs et les métallurgistes du Gandhara – héritiers d'Alexandre – furent les premiers à dépeindre le Bouddha sous des traits humains. Auparavant, les artistes indiens l'avaient représenté symboliquement par un trône vide, une ombrelle royale ou un lotus inscrit sur une empreinte de pied, symbolisant sa pureté. À partir du Ier siècle ap. J.-C., le bouddha apparaît dans une forme humaine. Étrangement, le style gréco-romain s'imposa. Il s'agissait de Bouddhas semi-européanisés, avec une chevelure ondulante et des moustaches bouclées. Les plus anciennes figures du Gandhara portent des drapés hellénistiques ; plus tard les figures sont d'apparence romaine, probablement exécutées par des artistes de l'empire du Moyen-Orient romain.

Un bodhisattva *avec un halo, drapé selon le style des sculpteurs du Gandhara, IIIe siècle*

Le confucianisme

Confucius est ici représenté avec une sérénité de patricien par cet artiste du VIIe siècle ap. J.-C.

Des trois grands courants de pensée en Chine ancienne – confucianiste, taoïste et bouddhiste – les deux premiers étaient chinois, tandis que le bouddhisme, « religion étrangère de l'ouest », dut lutter pour être admis dans la société chinoise. Certes, au cours de ses mille ans de développement en Chine, le bouddhisme a modifié le cours de l'histoire et développé des formes spécifiquement chinoises. Mais le bouddhisme souffrit aussi de périodes de répression, et la religion importée fut en fin de compte marginalisée par les traditions indigènes.

Les fondements de la philosophie chinoise se trouvent dans les enseignements de Confucius (K'ong Fou-Tseu). Né en 551 av. J.-C., dans une période de désordre entre les États de la dynastie Tcheou, Confucius fonda son enseignement sur la culture de la moralité, de l'ordre, de l'érudition et de la tradition. Tout comme le Bouddha qui, à la même époque, définit le mot brahmane uniquement en termes de vertu (voir p. 34-35), Confucius enseigna qu'un homme n'était un « gentilhomme » *(tchun-tseu)* que s'il embrassait *jen* (l'humanité, la vertu). Si tous les gens suivaient cette voie de la clémence et de la bienfaisance, l'ordre moral de l'État pouvait être restauré.

L'enseignement de Confucius renforça la préoccupation chinoise d'un passé idéalisé de rois vertueux ayant fondé la dynastie Tchou. On pensait que durant cette période, les cinq classiques étaient apparus. Il s'agissait du *Livre des changements* (*Yi King*), du *Livre de l'Histoire*, du *Livre des odes*, du *Livre des Rites* et des *Annales du printemps et de l'automne*. Confucius enseigna que l'étude de ces textes – qui s'étendaient des oracles à la poésie populaire, à l'histoire et à la description des bonnes conduites éthique et rituelle – était indispensable à l'homme de *jen*. La plus haute destinée de tels hommes impliquait l'étude des classiques et la poursuite d'une carrière politique. De tels buts devaient conduire au rétablissement du monde ordonné tel qu'il est décrit ou représenté par les classiques. L'État entier, de l'empereur au paysan, accédait ainsi à l'harmonie morale et politique qui s'accordait en retour à l'ordre moral céleste *(t'ien)*.

Complétant cette préoccupation de l'ancien savoir, Confucius enseigna une éthique qui plaçait la famille au centre de la vie séculaire et cérémonielle. Au

Confucius et Lao Tseu en conversation imaginaire. Confucius est au centre d'une terrasse aménagée, Lao Tseu se tient dans un paysage paisible.

LE CONFUCIANISME DES HAN

Au IIe siècle av. J.-C., le confucianisme devint le système de l'État chinois. L'enseignement oral de Confucius, préservé dans les *Entretiens*, servit de base, avec les cinq classiques, à la constitution de l'État de la dynastie Han. L'empereur, le « fils du Ciel », gouvernait par mandats célestes. Aussi longtemps qu'il gouvernerait selon la volonté céleste, la paix et la prospérité régneraient. L'empire était administré par une bureaucratie de lettrés formés aux classiques confucéens. Ces fonctionnaires supervisaient les rites de l'État et maintenaient « l'harmonie » en s'assurant que chacun dans la société pratiquait selon sa fonction, comme l'enseignait Confucius.

Mais les enseignements souples et humains de Confucius furent rigidifiés à leur détriment sous les Han. L'indifférence rationnelle des confucéens face au surnaturel laissa place à la superstition. Pire, la valeur de l'individu fut submergée dans un système qui considérait les masses comme de simples reflets de l'empereur, de sa bureaucratie et de l'ordre impérial. Mécontents de telles abstractions, le peuple se tourna vers d'autres religions, d'abord le taoïsme, puis le bouddhisme.

centre de la famille étaient les âmes des ancêtres. Ces âmes familiales vivaient dans les cieux avec la déité Shang-ti (Seigneur du Haut) et leur protection spirituelle était obtenue par des sacrifices décrits dans le *Livre des rites*. Mais Confucius fut lui-même moins soucieux des rites et des esprits que de l'éthique humaniste. Celle-ci, avec les cinq classiques, conditionna grandement la pensée chinoise pendant les deux millénaires qui suivirent.

La stèle de pierre et le tertre funéraire de la tombe de Confucius, érigée en 1443 à Qufu, dans la province de Shangdong

Le taoïsme

Le taoïsme est la seconde des grandes philosophies chinoises. Tao, comme le mot *dharma* en sanscrit, signifie plusieurs choses. Le confucéen y voit « la voie juste de l'action et de la moralité ». Pour le taoïste, il a trois sens intriqués : le monde naturel, la liberté spontanée par rapport aux conventions sociales et, surtout, la réalité absolue – l'essence et la source de vie qui imprègnent tous les phénomènes.

La philosophie taoïste était hors institution. Le sage taoïste pratiquant « l'état naturel » *(tzu-jan)* et la contemplation, n'avait nul besoin de rites ou de temples. Alors que le « gentilhomme » confucéen cultivait l'érudition, la famille et l'harmonie étatique, le taoïste recherchait la solitude dans la nature et rejetait conventions et textes religieux. Le *tao* subtil et omnipénétrant ne pouvait être ressenti qu'à travers une expérience directe.

Deux œuvres inspirèrent le taoïsme philosophique : la première, du légendaire Lao Tseu, est le *Tao Te King*, bel ouvrage énigmatique qui décrit le *tao* par le paradoxe et les allusions voilées et évoque la joie quiétiste d'une vie dédiée à l'immanence du *tao* en toute chose. L'autre est une collection d'essais, de poèmes et d'histoires écrites par Tchouang Tseu au IIIe siècle av. J.-C. Là où le *Tao Te King* suggère le gouvernement du parfait souverain – dans un doux « laissez-faire » – par le *tao*, Tchouang Tseu rejette les politiques et exhorte au retour à la simplicité sociale primordiale, sans artifices.

Le langage altier et enjoué du taoïsme philosophique en appelait largement à l'intelligentsia qui recherchait de nouvelles solutions spirituelles en cet âge de décadence impériale et de sclérose du confucianisme Han au IIIe siècle ap. J.-C. Vers 250, la dynastie Han sombra dans le chaos et une renaissance taoïste se produisit.

Un bronze puissant représentant Lao Tseu sur un buffle. Le mouvement de l'animal contraste avec la tranquillité du sage, dont l'énergie s'écoule librement à travers ses membres et les plis de sa robe.

Les idées et parfois même le comportement choquant des sages taoïstes pénétrèrent ainsi directement dans la bonne société.

Un taoïste avait l'habitude de s'asseoir nu chez lui et de s'enivrer. « Les cieux et la terre sont ma demeure », dit-il à des visiteurs choqués, « et ma maison est mon pantalon. Que faites-vous donc dans mes pantalons ? » L'esprit subversif des néo-taoïstes évoluait ainsi entre l'amour de la société et le rejet de ses conventions.

Un portrait de l'empereur Liu Pang (256-195 av. J.-C.), qui établit la dynastie Han.

LES TAOÏSTES À LA FIN DE LA DYNASTIE HAN

En 311 ap. J.-C., la capitale chinoise Tchang'an tomba aux mains des Huns. L'empereur s'enfuit dans le Sud et pendant 300 ans, la Chine fut tragiquement divisée entre le Nord, sous contrôle « barbare », et le Sud, sous la férule d'administrations chinoises instables.

La majorité de l'intelligentsia s'enfuit au sud avec la cour, et les spectaculaires paysages montagneux du Sud devinrent une nouvelle source d'inspiration contemplative pour les taoïstes. Mais pour beaucoup d'exilés, une élite défaite, le taoïsme mystique dégénéra en mondanités de salon. C'est notamment parmi ces néo-taoïstes que les idées bouddhistes, en se frayant un chemin en Chine du Sud, trouvèrent bon accueil. La *shunyata* (vacuité, voir p. 62-63) du bouddhisme Mahayana se vit assimilée au *wou* taoïste, ce « non-être silencieux qui est la source et la base de toute chose ».

LE TAOÏSME MAGIQUE

Un taoïsme « populaire » se développa aux côtés du taoïsme philosophique au IIIe siècle av. J.-C. Recourant à des diètes spéciales, à l'ingestion de potions alchimiques comme le cinabre (sulfure mercurique) et à des exercices respiratoires, des occultistes se réclamant de la théorie taoïste cherchaient à contacter les « déités » de leur corps afin de transcender la mort. Alors que le bouddhisme en Chine absorbait des éléments du taoïsme philosophique, ce taoïsme populaire se cherchant adopta le rituel bouddhiste et même ses textes. Mais de plus en plus lié aux croyances magiques, il perdit de son influence sur ceux qui s'étaient attachés à ses promesses dans une période troublée.

Un « maître des cieux » taoïste, la robe brodée de symboles magiques. Il tient une coupe d'élixir d'immortalité. Ses formes flottantes expriment une vie dédiée à la liberté spirituelle. Aquarelle chinoise du XVIIIe siècle.

Les débuts du bouddhisme en Chine

L'empereur Siuen Li de la dynastie Han, avec des érudits traduisant des textes. Chine, XVIIe siècle.

Le bouddhisme commença à pénétrer en Chine vers 50 ap. J.-C., et dans le siècle suivant, des moines venus de l'Inde et de l'Asie centrale s'y établirent. À son apogée, la dynastie chinoise Han (206 av. J.-C.- 220 ap. J.-C.) avait amené la prospérité dans un empire en expansion. L'assurance impériale chinoise était centrée sur le « fils du Ciel » qui unissait la trinité du Ciel, de la Terre et de l'Humanité.

Mais au Ier siècle ap. J.-C., la dynastie Han était très affaiblie. Une puissante noblesse foncière montante éroda le contrôle impérial, imposant de lourdes taxes aux paysans. La famine, les épidémies et les catastrophes naturelles s'abattirent sur des populations déplacées. Aux rébellions soutenues par des chefs taoïstes succédèrent des guerres. Une nouvelle famille, les Shin, tenta de restaurer l'ordre social et économique. Quand les Huns envahirent le nord de la Chine en 311 ap. J.-C., la cour s'enfuit au sud et le pays fut coupé en deux.

Cette crise économique, sociale et politique était un parfait terreau pour

La disgrâce impériale se concrétisa quelquefois en persécution religieuse. Dans cette peinture du XVIIe siècle, on voit un empereur faire jeter les érudits dans une fosse et brûler leurs livres. Le bouddhisme fut la cible d'un tel traitement entre 842 et 845, sous la très puissante dynastie T'ang, fortement bouddhiste en d'autres temps.

LE PREMIER INTÉRÊT CHINOIS POUR LE BOUDDHISME

Le bouddhisme s'était frayé un chemin vers la Chine par la route de la Soie, et il se propagea de même en Chine par les routes commerçantes intérieures. Les premiers empereurs en contact avec des moines bouddhistes leur accordèrent un patronage timide et limité, dans l'hypothèse où le Bouddha aurait été une déité puissante. À cause des problèmes de traduction des langues indiennes en chinois, le *dharma* fut plutôt enseigné comme un moyen d'acquérir des pouvoirs magiques et la libération. Les taoïstes en quête d'immortalité, en particulier, furent séduits et on utilisa des mots taoïstes pour traduire la terminologie bouddhiste. Ainsi, *tao* (la voie, la vérité), devint l'équivalent de *dharma* (l'enseignement) ou de *bodhi* (l'Éveil) ; *wou wei* (la non-action) fut utilisé pour *nirvana*. On emprunta aussi des termes confucianistes. Le sanscrit *sila* (moralité) fut traduit par *hsiao hsun* (piété filiale). Le bouddhisme prit ainsi progressivement une saveur chinoise.

LES OBJECTIONS CHINOISES AU BOUDDHISME

Les Chinois avaient plusieurs raisons de résister au bouddhisme. Tout d'abord, la nouvelle religion était importée et donc « barbare ». Et comme le bouddhisme n'était pas mentionné dans les classiques confucéens, il était doublement étranger à la Chine. Les confucéens avaient une autre objection : les moines bouddhistes étaient célibataires et ne pouvaient prendre part à la vie familiale, donc à la piété filiale. L'ascétisme bouddhiste était également étranger à une culture chinoise sensuelle et esthétique. Non seulement le bouddhisme ne possédait pas les formules d'immortalité recherchées par les taoïstes, mais il était totalement étranger au confucianisme dans deux de ses aspects majeurs. D'abord, la doctrine de la renaissance était impossible à concilier avec la notion confucéenne d'un paradis d'où les ancêtres pouvaient donner leurs bénédictions à leurs descendants. Ensuite, les moines bouddhistes ne reconnaissaient aucune autorité séculaire et refusaient de montrer leur respect à l'empereur chinois en s'inclinant devant lui. Ces facteurs sociaux et culturels freinèrent beaucoup les progrès du bouddhisme dans la société cultivée, et bien que la « sagesse de l'Ouest » finît par se consolider pour près de mille ans, les mêmes difficultés amenèrent la fin de l'influence bouddhiste.

une nouvelle religion. Lorsque les classes éduquées tentèrent d'interpréter les maux que le confucianisme impérial avait jusqu'ici occultés, beaucoup trouvèrent une réponse auprès des moines bouddhistes qui prêchaient dans les centres urbains.

Immense tâche pour ces moines peu nombreux pour un si vaste pays. En Inde et en Asie centrale, les bouddhistes avaient propagé leurs idées dans des sociétés très peu instruites. En Chine, au contraire, ils étaient confrontés à une culture de lettrés et de philosophes qui constituait les réels fondements de la société.

La période de familiarisation en Chine

Un légendaire empereur universel de la vertu (cakravartin) *méditant, entouré de serviteurs avec parasols et chasse-mouches*

Pendant les 300 ans de division entre la Chine du Nord et celle du Sud, le bouddhisme chinois se développa de plusieurs façons. Les convertis au bouddhisme dans le sud furent attirés à la fois par le Hinayana (Petit Véhicule) et le Mahayana (Grand Véhicule). Le Hinayana, préconisant l'étude des textes indiens et la pratique méditative méthodique, menait graduellement vers le but de l'Éveil. Le Mahayana, au contraire, offrait une méthode où l'Éveil soudain, la vision bouddhiste de la totalité, devenait possible. Les convertis chinois habitués à la scolastique et au confucianisme se sentaient davantage chez eux avec l'école Hinayana. Ceux qui avaient suivi la voie taoïste plus intuitive et non rituelle, se sentaient proches du Mahayana. Les monastères, les ermitages et les temples des deux écoles qui s'établirent en Chine méridionale furent épaulés par de riches familles bouddhistes et, quand c'était possible, par la cour impériale. On présenta habilement aux empereurs méridionaux l'exemple légendaire des « empereurs de la vertu » indiens (*cakravartin*, voir p. 11), et en 517 ap. J.-C., un monarque bouddhiste particulièrement zélé alla jusqu'à fermer les temples taoïstes relativement nouveaux qui continuaient de rivaliser avec ceux des bouddhistes.

En Chine du Nord, l'établissement du bouddhisme dépendait du bon vouloir de gouvernants étrangers. Les missionnaires bouddhistes jouèrent sur la crédulité de ces nouveaux monarques barbares. Un moine du nord-ouest de l'Inde « sut que le chef hun ne comprendrait pas la profonde doctrine, mais serait capable de reconnaître dans un pouvoir magique la preuve de la puissance du bouddhisme. En conséquence, il prit son bol de mendiant, l'emplit d'eau, brûla de l'encens et récita un *mantra* dessus. En un instant, un lotus bleu à l'éclat éblouissant y poussa. » En déployant de tels pouvoirs, les bouddhistes obtinrent la protection nécessaire pour propager leur doctrine au nord. Le fait que le bouddhisme était encore relativement étranger, sans liens avec les intérêts traditionnels chinois, le rendait spécialement attirant pour les dirigeants non chinois. Grâce à l'absence d'une opposition taoïste organisée et à l'acceptation du culte des ancêtres pour se rapprocher du confucianisme, le bouddhisme balaya la Chine entre le IVe et le Ve siècle. Pendant la même période, les institutions bouddhistes reçurent de grosses dotations. Monastères et temples devinrent des centres d'étude, de philosophie, de commerce et de charité, souvent sur une vaste échelle. Au Ve siècle, les institutions bouddhistes étaient devenues si fortes que les traditionalistes confucianistes et les taoïstes du Sud revinrent deux fois à la charge pour persuader l'empereur de limiter le pouvoir bouddhiste. Le bouddhisme continua néanmoins à se développer en d'importantes écoles de pensée indigènes jusqu'à culminer sous la dynastie des T'ang, du VIIe au Xe siècle (voir p. 94-97).

Cette peinture de Dun-huang du IXe siècle montre le plus grand pèlerin chinois en Inde, l'érudit Hsuan-Tsang. Après un périple de seize ans, il revint en Chine en 645 pour traduire les manuscrits acquis au cours de son voyage.

LES GRANDS TRADUCTEURS

Désireux de comprendre les sources du *dharma* bouddhiste, les Chinois convertis voulurent acquérir des textes bouddhistes indiens. La difficulté à se les procurer se doublait du fait qu'ils étaient souvent en sanscrit, une langue très éloignée du chinois. Les textes indiens, complexes et abstraits, étaient incompatibles avec le penchant chinois pour la pensée concrète et directe, et beaucoup d'entre eux avaient été traduits partiellement au moyen d'une terminologie chinoise trompeuse. Quelques traducteurs exceptionnels essayèrent de résoudre ce problème. Le plus grand d'entre eux, Kumarajiva, établit en 401 ap. J.-C. un institut de traduction à Tchang'an. Des centaines de copistes, de rédacteurs et de spécialistes en sanscrit et en philosophie furent mis à contribution. Ce projet permit aux Chinois de produire des textes bouddhistes débarrassés des interprétations taoïstes et confucéennes. La voie était ainsi ouverte à l'essor de la pensée bouddhiste en langue chinoise.

Page de la traduction chinoise du Sutra du Diamant, *le premier des livres imprimés (IXe siècle)*

Les écoles T'ien-t'ai et de la Guirlande de fleurs

L'école T'ien-tai doit son nom aux « terrasses du Ciel », les montagnes de la Chine méridionale où Tchih-i, son fondateur, vécut et enseigna au VIe siècle. L'école de la Guirlande de fleurs (Houa-yen), qui partageait des éléments avec la doctrine Mahayana du T'ien-tai, se développa un peu plus tard en Chine du Nord.

Les bouddhistes chinois avaient reçu au VIe siècle quantité de textes indiens. Mais les traducteurs de ces œuvres étaient tous très conscients de la difficulté de juger de leur authenticité. Tchih-i remédia à cette confusion en systématisant le canon en une série d'étapes et de périodes où le Bouddha aurait progressivement dévoilé sa doctrine. Ces étapes débutaient par les doctrines du « simple » Hinayana et culminaient dans le *Sutra du lotus* d'où le T'ien-tai tirait quelques-unes de ses pensées. L'école de la Guirlande de fleurs se fondait, quant à elle, sur le *Gandavyuha* (« Guirlande de fleurs »), tiré de l'*Avatamsaka Sutra* que le Bouddha aurait révélé juste après son Éveil. Les deux écoles s'enracinaient dans les classes éduquées et mettaient l'accent sur la méditation et la spéculation philosophique. Le T'ien-tai offrait aussi à ses adeptes la libération personnelle proclamée dans le *Sutra du lotus*.

Le Bouddha sur un piédestal en fleur de lotus. Derrière lui, une délicate mandorle gravée en forme de feuille.

Ces deux écoles chinoises réinterprétaient la position de *shunyata* du Mahayana (la vacuité comme absolu, voir p. 62-63). Selon le T'ien-tai, tous les phénomènes étaient inséparables de l'absolue *shunyata*, et « au sein même de chaque particule de poussière, l'univers entier est contenu ». L'école du Gandavyuha clamait que tous les phénomènes dans l'univers surgissent simultanément. Tous ces phénomènes sont vides et contiennent cependant à la fois un aspect absolu (atemporel) et un aspect relatif (impermanent).

Quand l'impératrice Wou Tse-t'ien demanda au sage Fa-tsang (aux environs de 704) d'expliquer cet apparent dualisme, il désigna une statue du palais et lui répondit par son très célèbre *Essai sur le lion doré*. Dans celui-ci, l'or est un symbole d'absolu, *li (shunyata)* omnipénétrant, et la statue du lion, *shih*, est un phénomène tangible fondu en *li*.

ÉRUDITION ET ADAPTATION

Vu la préférence des Chinois pour la synthèse et la souplesse, les doctrines de la « vacuité » et de « l'esprit seul » (voir p. 62-63) semblaient inadaptées ou trop extrêmes. Les écoles apparues en Chine au Ve siècle se sont formées autour d'un texte particulier, comme le *Lotus* ou le *Sutra de la guirlande*, qui était étudié, copié, mémorisé et enseigné. L'accent sur l'apprentissage exprimait autant la curiosité intellectuelle que l'affiliation religieuse.

Il y eut ainsi peu de conflits entre les écoles et nombre de fidèles de la Chine ancienne parcouraient le pays pour étudier différentes doctrines sans s'affilier à l'une d'entre elles.

LE SUTRA DU LOTUS

Le *Lotus de la Bonne Loi* fut l'un des grands *sutras* Mahayana traduits du sanscrit en chinois du Ve au VIe siècle. Texte des plus influents dans l'histoire du bouddhisme, le *Lotus* promet la libération de tous les êtres.

Au cœur de ce long volume de poésie, de sermons et d'allégories, brille la compassion du Bouddha qui se soucie de la souffrance sur cette terre. La méditation du Bouddha n'a plus désormais pour objet l'Éveil personnel. Plutôt, « par la méditation et la sagesse, les Bouddhas sauvent tous les êtres ». Or, chacun a la capacité d'atteindre la bouddhéité, pas seulement ceux qui, par la réflexion et la méditation, ont atteint une compréhension du *dharma* (doctrine), mais aussi tous les êtres souffrants qui ont « simplement joint leurs mains en prière » ou « prononcé l'hommage *(namo)* au Bouddha ». « Ils demeureront dans la pure sagesse et aucun d'eux ne faillira à devenir Bouddha. »

D'autres passages sont célèbres. L'un est une allégorie sur le *samsara* décrit comme une maison horrible. Des enfants y jouent quand, soudainement, elle s'enflamme. Le maître de maison les attire à l'extérieur, les sauvant ainsi par des « moyens habiles ». Le maître de maison est le Bouddha compatissant qui nous soustrait à notre fascinant jeu samsarique pour nous établir dans la sécurité du *nirvana.*

Une page du IXe ou Xe siècle illustrant un livret du Sutra du lotus *trouvé dans les grottes de Dun-huang*

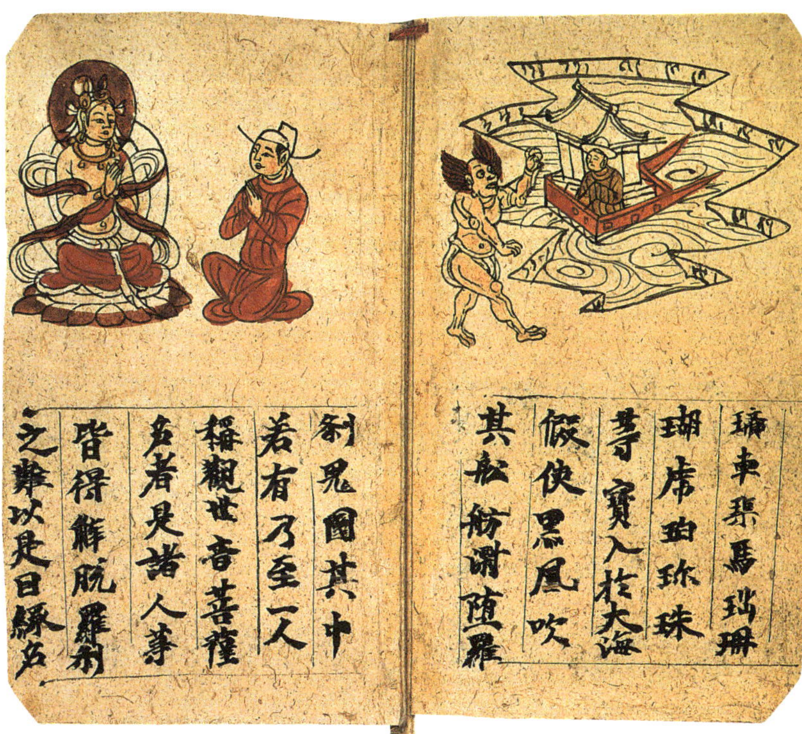

L'école de la Terre pure

Immense Bouddha Amitabha en marbre de la dynastie Souei (VIe siècle). À l'origine, la main droite faisait le geste de rassurer et la gauche celui du don.

La Terre pure est un bouddhisme dévotionnel qui offre une sortie du cycle des renaissances par la foi en un bouddha spécifique. La pensée Mahayana des Ier et IIe siècles développa une vision cosmologique bien plus vaste que tout ce qui avait été énoncé dans le bouddhisme primitif. Le Bouddha y disait que « le monde, son origine et sa cessation sont contenus dans notre carcasse d'une brasse de long ». Les mahayanistes exposent l'existence de mondes infinis où bouddhas et *bodhisattvas* se manifestent.

Ces « champs de bouddhas » sont des royaumes paradisiaques produits par un bouddha. Le plus célèbre d'entre eux est celui de l'Ouest, Sukhavati, « la Terre bienheureuse », où demeure le bouddha Amitabha, « Lumière infinie ». Deux textes appelés *Sukhavati-vyuha* décrivent cette Terre comme un paradis « où n'existe point de douleur physique ou mentale [...], empli de dieux et d'humains qui ne renaîtront plus qu'en qualité de *bodhisattvas.* » Parmi les joies en Sukhavati figurent des rivières de musique ou de parfums, des pluies de fleurs, des lacs aux lotus multicolores, des arbres de joyaux, des architectures splendides et tout autre plaisir que l'on peut souhaiter excepté les plaisirs érotiques. Dans ce paradis, il est donné à chacun d'entendre le Bouddha prêcher.

Une illustration du Xe siècle du Sutra des Dix Rois *montrant les mauvais punis et les bons récompensés par l'un des rois avec ses assistants*

Ce récit poétique de la libération bouddhiste ressemble à une version facilement accessible du *nirvana*. À l'opposé des hinayanistes qui soutiennent que le *nirvana* ne peut être atteint que par ceux qui se sont efforcés de l'achever pendant de nombreuses vies, l'un des texte dit que n'importe qui peut entrer en Sukhavati, indépendamment de son *karma* (voir p. 16-17). Selon l'autre texte du *Sukhavati-vyuha*, les actes méritoires sont la condition de la libération. Hormis cela, la seule chose requise est de retenir sans distraction le nom d'Amitabha jusqu'à sept nuits, ou de penser à Amitabha au moment de la mort.

Au IIIe siècle, de nombreux mahayanistes pensaient qu'après la mort du Bouddha viendraient trois périodes de déclin des enseignements du *dharma*.

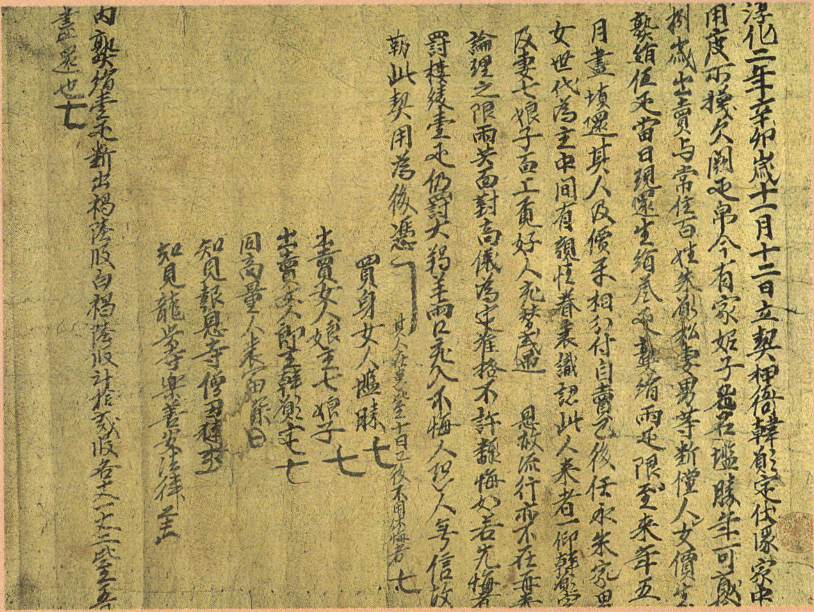

Une page d'un manuscrit du Sutra des dix rois *trouvé dans les grottes de Dun-huang, xe siècle*

Avec l'instabilité politique qui suivit la fin de la dynastie Han (220 ap. J.-C.) et la difficulté à maîtriser la complexité croissante des doctrines, beaucoup de bouddhistes chinois partageaient cette idée, pensant vivre la période finale de dégénérescence de la Loi. La foi en Amitabha semblait être une voie de salut plus sûre qu'un laborieux processus vers l'Éveil. La Terre pure, avec son insistance sur la foi et la récitation du *mantra* « *Nan-mo A-mi-t'o Fo* » (Hommage au bouddha Amitabha) devint ainsi la plus répandue de toutes les disciplines bouddhistes, sans jamais être confinée à la seule sphère populaire.

Aujourd'hui encore, bien que plus rares, les adhérents des autres écoles bouddhistes chinoises telles que le T'ien-t'ai, combinent la pratique de la méditation avec la dévotion de la Terre pure.

AVALOKITESHVARA DEVIENT LA KOUAN-YIN CHINOISE

Avalokiteshvara, le *bodhisattva* de la compassion, est une émanation du bouddha Amitabha, résidant aussi dans le paradis de l'Ouest. Son nom, qui signifie « le Seigneur qui regarde vers le bas », suggère que le *bodhisattva* prend soin de l'humanité avec amour du haut des cieux. L'Éveil du bouddhisme Mahayana est la sagesse d'un bouddha unie à la compassion d'un *bodhisattva*. Dans le bouddhisme tantrique (voir p. 139), cette union non duelle sera conçue en termes de « sagesse féminine » unie à la « compassion masculine ». Traditionnellement, Avalokiteshvara est masculin et, dans le bouddhisme tibétain, Tara blanche est sa partenaire. Au xe siècle, les bouddhistes chinois de la Terre pure ont fait d'Avalokiteshvara et de Tara blanche une déité appelée Soung-tseu Kouan-yin, « Avalokiteshvara donneur d'enfants ». Kouan-yin, « vêtue de blanc », reste la forme la plus populaire dans la dévotion de la Terre pure.

Le Tch'an, l'école de la méditation

Le mot chinois *tch'an* traduit le sanscrit *dhyana* (méditation). En japonais, il est devenu le Zen, sa forme la plus largement connue de nos jours en Occident. Bien que d'autres écoles du bouddhisme chinois mettent l'accent sur la méditation, la pratique de l'assise introspective est plus que jamais au centre du Tch'an. À la différence d'autres approches, le Tch'an rejette les rituels et même l'autorité des textes. En ce sens, il s'apparente au taoïsme : les deux voies enseignent un chemin vers l'Éveil qui est « naturel », spontané et dégagé des complexités érudites.

Le Tch'an s'est développé à une époque de sereine prospérité, au début de la grande dynastie T'ang (618-907). Comme l'attestent les poèmes de Li Po et de Tou Fou, ce fut une époque glorieuse pour les arts, et les enseignements vifs et profonds des maîtres Tch'an appartiennent à ce milieu créatif.

Alors que d'autres formes du bouddhisme furent supprimées lors de la persécution de 845 à la fin des T'ang, le Tch'an et le bouddhisme de la Terre pure réussirent à survivre : la Terre pure grâce à sa popularité, et le Tch'an parce que très peu de ce qu'il contenait pouvait être détruit et que le travail des moines faisant partie de leur pratique, on ne pouvait les accuser de parasitisme monastique.

L'école Tch'an fut dirigée par une succession de patriarches dont le premier, un moine indien, Bodhidharma, arriva en Chine méridionale en 520 ap. J.-C.

Lavis à l'encre (XIIIe siècle) représentant le poète taoïste Li Po récitant un poème. Son vers célèbre, « Ivre, je poursuis la lune dans l'eau », exprime magnifiquement l'attitude ironique des sages taoïstes et Tch'an envers eux-mêmes, trop conscients de leur illusion.

Rejeté par la cour du Sud, Bodhidharma se retira au Nord, où il s'assit neuf ans durant les yeux ouverts face à un mur avant d'accepter d'enseigner.

Bodhidharma insistait tant sur la méditation silencieuse qu'il refusa de prendre des disciples jusqu'au jour où un moine, Houei-k'ö, se coupa le bras pour lui prouver sa détermination. C'est probablement Bodhidharma qui introduisit le *Lankavatara Sutra* en Chine.

La doctrine non-duelle du *Lankavatara* est très importante pour le Tch'an. « Toutes choses sont non-deux », dit le *Lankavatara*, combinant la vacuité à la doctrine de « l'esprit-seul » (voir p. 62-63). « L'Esprit de Bouddha » que les méditants recherchent en eux-mêmes est identique à la vacuité unique, absolue et primordiale. Autre élément tiré du *Lankavatara*, l'idée que le *dharma* peut être transmis non verbalement. Selon cette vue, les mots obscurcissent la réalité, laquelle peut seulement être saisie intuitivement, en silence ou « montrée directement ».

HOUEI-NENG, LE SIXIÈME PATRIARCHE

Houei-neng fut admis vers 650 dans un monastère chinois du Sud où il resta à piler le riz et rapporter du bois de chauffe. Quand le cinquième patriarche s'apprêta à se retirer, il décida de choisir son successeur en organisant un concours de poèmes, afin de trouver celui qui exprimerait le mieux sa compréhension du Tch'an. Le plus vieux moine écrivit sur un mur la stance suivante, supposée gagner :

« Mon corps est l'arbre de l'Éveil ;
Mon esprit est un clair miroir.
Je m'efforce constamment de le faire briller,
Sans laisser la poussière y adhérer. »

À ceci, le vieux patriarche répondit : « Vous êtes parvenu au seuil mais ne l'avez point franchi. Il serait futile de rechercher la Parfaite Sagesse *(prajna)* avec une telle vue. On doit franchir la porte et voir sa propre nature. » Comprenant intuitivement que sa « vraie nature » était à la fois « rien de particulier » et « l'esprit de Bouddha », Houei-neng fit écrire sa propre stance sur le mur :

« Il n'y a pas d'arbre de l'Éveil
Et l'esprit n'est pas davantage un clair miroir.
Puisque originellement la nature est immaculée,
Où la poussière pourrait-elle adhérer ? »

Ce poème célèbre résume la doctrine de la « vacuité » selon le Tch'an.

Houei-neng méditant comment harmoniser l'acceptation de la robe patriarcale et la solitude de l'exil. Bien qu'il eût reçu la robe, les rivalités monastiques forcèrent Houei-neng à se retirer jusqu'à ce qu'il atteignît l'âge de quarante ans. Peinture murale du Xe-XIIIe siècle, dynastie Song.

« Si vous rencontrez le Bouddha, tuez-le ! » disait le maître Yi-hsouen. « Bodhidharma était un vieux barbare hirsute... *Nirvana* et *bodhi* sont des souches mortes où attacher vos ânes. Les enseignements sacrés ne sont qu'une liste de fantômes, des bouts de papier tout juste bons à extraire le pus de vos furoncles. » Cet iconoclasme jubilatoire surgit de l'expérience de la vacuité et d'un joyeux mépris pour le *dharma* « juste en paroles ». La sclérose littéraire et religieuse de l'intuition du Bouddha était en cause. Les piques du Tch'an s'évertuaient à saper la pensée conventionnelle et la connaissance de seconde main afin que des mots comme Bouddha, *dharma* et Éveil retrouvent un sens par l'expérience personnelle.

Les étudiants étaient cependant sujets à une dure discipline. Sans discipline Tch'an – méditation douloureuse des heures durant, soumission aux maîtres – on ne pouvait suivre le Tch'an. Mais une fois que l'étudiant avait transcendé la discipline et perçu sa place dans le monde relatif, son esprit était libéré de la simple foi et des symboles. Tel le Bouddha, il pouvait alors contempler la vérité et être sa méditation.

Pour éveiller l'esprit et pousser les étudiants hors des limites de l'intelligence conventionnelle, les maîtres Tch'an se spécialisèrent dans l'effet surprise et les énigmes. Ils établirent des problèmes *(koung-an)* tels que « Comment faites-vous pour sortir l'oie de la bouteille ? » Des exclamations ou des coups pouvaient accueillir une réponse fondée sur des raisonnements analytiques. Mais la compassion était l'inspiratrice des maîtres Tch'an. Le Tch'an est en effet une école Mahayana et les vœux du *bodhisattva* consistent à mener les êtres à l'Éveil, même si les vieux maîtres du Tch'an ont pu ridiculiser cette formulation.

Bodhidharma, le premier patriarche Tch'an, dépeint fréquemment avec un regard farouche

« LE TEL QUEL »

Dans le Tch'an, l'un des débats concernait la différence entre la méditation des *tathagata* et celle des patriarches. *Tathagata* (l'Ainsi Allé) est synonyme de Bouddha. La méditation du *tathagata*, comme celle du Bouddha historique, a un certain contenu intellectuel (voir p. 30). La méditation d'un patriarche est purement intuitive. Mais comme l'esprit humain est essentiellement « l'esprit de Bouddha », et que celui-ci est vide et sublime, la tâche du pratiquant Tch'an était d'éliminer la pensée qui bloque la perception spirituelle de l'esprit « tel qu'il est » : la réalité nue de l'esprit humain dans sa nature éveillée.

Il s'ensuivit une discussion sur l'Éveil « graduel » et « subit ». Pour la plupart des bouddhistes, la voie de l'Éveil impliquait des années ou des vies d'étude et de méditation. Le Tch'an tranchait dedans. Centré sur une expérience méditative non verbalisée, le pratiquant Tch'an pouvait appréhender l'absolu en un instant d'éveil. Cet absolu est décrit par le terme *tathata* (« le Tel Quel ») de l'école Yogacara (voir p. 62). Dans sa résonance et son sens, ce mot est une réponse presque non verbale au monde à la fois un et multiple. Une histoire raconte comment le Bouddha, au lieu de prononcer un discours, montra un jour une fleur en silence. Seul Kashyapa, disciple du Bouddha, comprit ce geste. Il vit *tathata*, le simple et immédiat « Tel Quel » des phénomènes, de la vie, de la mort et de la bouddhéité dans cette simple fleur cueillie. L'Éveil de Kashyapa, un sourire tel un « Ah ! » silencieux, est le prototype de l'illumination Tch'an.

Un sage chinois contemplant une chute d'eau (Fu Baoshi, 1964)

Le bouddhisme au Japon

Le bouddhisme chinois arriva au Japon par la Corée au VIe siècle ap. J.-C. En une génération, il fut proclamé religion d'État. Convertir la masse des fidèles du shintô japonais était plus difficile, mais ce fut chose faite au VIIIe siècle, par une convergence progressive du bouddhisme et du shintô. Deux grandes périodes d'activité bouddhiste s'ensuivirent dans les capitales impériales successives de Nara et Kyoto. À l'image des arts inspirés de la Chine, les écoles de pensée chinoise implantées au Japon y prirent un tour particulier. Quatre grandes écoles s'y établirent entre le VIIIe et le XIIe siècle. Paradoxalement, ce fut l'avènement du shogunat militaire au XIIe siècle qui favorisa l'établissement du Zen, la culture religieuse japonaise la plus célèbre.

À la fin du XIXe siècle, bouddhisme et shintoïsme se séparèrent formellement et le bouddhisme déclina quelque peu. Le shintoïsme d'État, avec sa déification de l'empereur, atteignit son apogée dans les années trente, mais après son démantèlement en 1945, le bouddhisme connut un renouveau. Les incertitudes de l'après-guerre favorisèrent la croissance de petites sectes bouddhistes, dont certaines offraient l'atteinte rapide de buts mondains, et des philosophes de Kyoto interprétèrent le Zen à la lumière de la modernité.

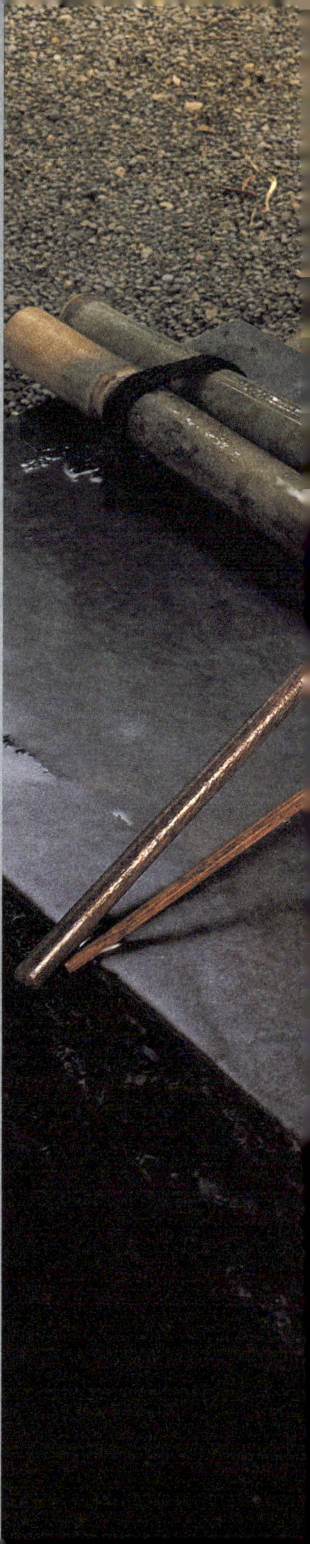

Jardin de temple Zen où s'harmonisent objets fabriqués et éléments naturels. Plantes, pierres et eau s'allient pour suggérer le changement et l'impersonnalité. Dans cette tranquillité, l'esprit peut simultanément trouver le repos et contempler le « Tel Quel » dans son devenir.

Le shintô : la voie des dieux

Un sanctuaire shintô à Hotaka, au Japon, où un kami *(pouvoir sacré) est dit résider.*

Les anciennes pratiques dévotionnelles du shintô variaient sensiblement selon les régions. Il n'y avait pas de prêtrise organisée. Les gens adoraient leurs *kamis* locaux dans des sanctuaires à la charge de médiums qui communiquaient leurs vœux au « pouvoir ». L'un des plus vieux sanctuaires shintô était dédié à la déesse solaire Amaterasu, le *kami* impérial.

Selon la légende, le premier empereur chinois descendait en ligne directe d'Amaterasu. La fonction impériale est ainsi née du charisme de cet ancêtre divin et des instructions de la déesse solaire, le *kami* familial.

L'ancienne religion du Japon était sans doute similaire aux cultes chamanistes de l'Asie du Nord-Est et de la côte pacifique nord de l'Amérique. Les anciens Japonais qui colonisèrent l'archipel y introduisirent des croyances spirituelles qui devinrent ensuite le shintô, « la voie des *kamis* [dieux] ».

La définition précise d'un *kami* a été fort longtemps discutée. « Toute chose hors de l'ordinaire avec un pouvoir supérieur, ou qui inspirait la crainte était appelé *kami* » écrivait un érudit japonais.

On croit que *kami*, le pouvoir sacré, est également présent dans l'animé et dans l'inanimé, et peut ainsi résider dans de grands êtres ou des ancêtres aussi bien que dans les lieux sacrés, les rochers, les arbres et les montagnes.

Un prêtre shintô de haut rang entouré d'assistants dans un temple.

LE BOUDDHISME ANCIEN DU JAPON

Venu de Corée, le bouddhisme pénétra au Japon au VIe siècle ap. J.-C., soit près de mille ans après la mort du Bouddha. Les idées confucéennes de la Chine des Han étaient courantes à la cour depuis le Ve siècle. Lors de l'implantation bouddhiste au Japon, vers 600, il y avait donc coexistence pacifique de trois systèmes : shintô, bouddhisme et confucianisme. Ce fut le régent impérial, un converti bouddhiste entreprenant et visionnaire qui prit le nom bouddhiste de Shotoku (Sage et Vertueux), qui soutint l'établissement du bouddhisme japonais. Shotoku proclama le bouddhisme religion d'État en 594 ap. J.-C. et promulgua la célèbre « Constitution en dix-sept articles » qui énonce l'ordre de « révérer les Trois Joyaux », *Bouddha*, *dharma* et *sangha*. La nouvelle religion se propageait et les temples bouddhistes se multiplièrent grâce aux donations de puissants clans japonais. En dépit de sa loyauté personnelle envers le bouddhisme, Shotoku donna son soutien gouvernemental à la création d'une nouvelle prêtrise shintô. Au début du VIIIe siècle, apparut une curieuse synthèse des deux religions : les paysans japonais étant dévoués à leurs *kamis* locaux, les bouddhistes réalisèrent qu'ils ne pouvaient ignorer le soutien populaire et ouvrirent leurs temples à des sanctuaires shintô. En retour, les autels bouddhistes furent acceptés près des sanctuaires shintô. Un siècle plus tard, cette convergence initiale conduisit au Ryobu-shintô, une religion shintô-bouddhiste qui dura mille ans avant de se rediviser.

Les missionnaires chinois et coréens qui introduisirent le bouddhisme apportèrent des rituels, des statues et les textes des écoles Hinayana et Mahayana qui avaient eu un grand succès en Chine. Trois textes, parfois désignés comme *Les Trois Écrits protégeant l'État*, eurent une grande influence au Japon : le *Sutra du lotus* (voir p. 91), le *Sutra de la lumière dorée* et le *Sutra des rois bienfaisants*, de sorte qu'il a souvent été dit que le but du soutien gouvernemental au bouddhisme était moins d'achever la délivrance du peuple que d'utiliser la religion comme un instrument de pouvoir et de consolidation impériale.

Les fidèles shintô, comme les bouddhistes, édifièrent souvent des sanctuaires dans des lieux de grande beauté et de pouvoir naturel.

UN BOUDDHISME CHAMANIQUE

L'une des formes les plus populaires du bouddhisme ancien du Japon fut une création des chamanes *(ubasoku-zenji)*. Le rôle traditionnel de ces guérisseurs et devins était menacé par l'institutionnalisation croissante de la prêtrise bouddhiste. Les chamanes adhérèrent donc au bouddhisme et, en dépit de l'opposition du gouvernement et du clergé bouddhiste orthodoxe, se consacrèrent aux besoins médicaux et spirituels des paysans pauvres, préservant ainsi des croyances locales dans un syncrétisme de bouddhisme, de shintô et de religion populaire.

L'influence chinoise au cours de la période de Nara

Dans la plus grande partie du VIIIe siècle, alors que la cour était établie à Nara et qu'une élite patronnait de splendides œuvres artistiques, la majorité du peuple japonais vivait dans la misère, proie des clans qui dominaient les provinces et que le pouvoir exécutif de Nara tentait en vain de contrôler. À l'opposé, le VIIIe siècle en Chine fut une période de stabilité et de paix. Tout comme le confucianisme, le bouddhisme chinois fascinait l'aristocratie nipponne, notamment parce qu'il venait de la grande culture continentale. Tout ce qui était chinois, depuis les institutions légales, le « mandat céleste » impérial, jusqu'à l'astrologie et les théories du Yin et du Yang, était considéré comme digne d'intérêt, supérieur et donc utile pour consolider le gouvernement impérial japonais.

Les écoles bouddhistes établies durant la période de Nara correspondaient sensiblement aux grandes écoles chinoises. Parmi les « Six Sectes » japonaises calquées sur des modèles chinois figurent le Sanron (Madhyamika, « l'école des Trois Traités » chinoise), le Hosso (Yogacara), le Kegon (L'école de la Guirlande de fleurs) et le Tendai (T'ien-t'ai). Aux côtés de ces écoles Mahayana coexistaient deux écoles Hinayana. Bien que le bouddhisme japonais, comme le bouddhisme chinois, fût devenu par la suite largement mahayaniste, les écoles Hinayana conservatrices et aristocratiques dominèrent la politique bouddhiste au cours de la période de Nara et celle de Heian.

Ce kondo *(salle) est la plus vieille construction du temple Horyuji, édifié entre le* VIIe *et le* XVIIe *siècle (incluant la période de Nara).*

L'impact du bouddhisme était si puissant au VIIIe siècle que l'empereur Shomu se déclara lui-même « serviteur des Trois Joyaux » (voir p. 101), abjurant ainsi virtuellement son statut semi-divin. Quand Shomu abdiqua pour entrer au monastère, son héritière, l'impératrice Shotoku, fit de Dokyo, un moine ambitieux, son premier ministre. À son tour, l'impératrice abdiqua en faveur de Dokyo. Mais la noblesse le destitua, contre-carrant pour la première et dernière fois la création d'un empereur monastique et d'un État ecclésiastique.

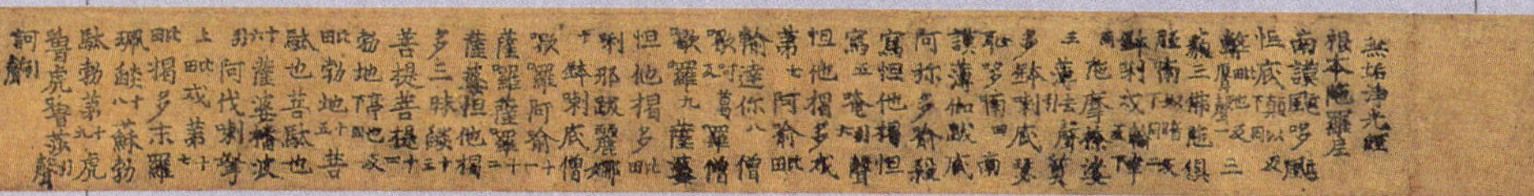

L'un des millions de charmes bouddhistes que l'empereur Shotoku fit distribuer aux monastères entre 764 et 770.

LE MONUMENTAL BOUDDHA VAIROCANA

Le grand souhait de l'empereur Shomu était de diriger un royaume harmonieusement gouverné par la loi bouddhiste. Une épidémie destructrice de variole en 735-737 poussa Shomu à établir des monastères d'État contenant de grandes statues de Bouddha dans chaque province. Tous ces monastères devaient être placés sous le contrôle du Grand Temple de Todai-ji à Nara, où l'empereur fit édifier un bouddha monumental, « symbole terrestre de la sérénité céleste du Bouddha » que Shomu souhaitait établir au Japon.

La construction du Bouddha Vairocana en méditation, de près de 15 mètres de haut, nécessita l'emploi de 450 tonnes de cuivre, 50 000 charpentiers et 370 000 forgerons. Des collines furent créées pour édifier le site, et les bâtisses de bois construites autour dominaient le paysage sur des kilomètres. Faire montre du pouvoir bouddhiste était bien sûr dans l'intention de l'empereur. En 749, on découvrit de l'or au Japon. « Apprenant cela, déclara Shomu, nous en fûmes étonnés et réjouis. » Il interpréta la trouvaille comme un signe favorable : on pouvait à présent dorer le monument. La statue du bouddha fut achevée cette même année.

La vaste salle du Bouddha à Nara (la moderne Heijokyo), a été par deux fois détruite par le feu et le Grand Bouddha modifié à maintes reprises. Mais le pinceau qui servit à mettre la touche définitive aux yeux du Bouddha peut encore être vu au musée de Nara.

Très restauré, le Grand Bouddha trône toujours dans la salle du temple Todai-ji.

LE SOUTIEN POPULAIRE AU PROJET DU GRAND BOUDDHA

Le peuple japonais, croulant sous les impôts, ne voulait pas, initialement, participer aux dépenses de l'édification du Grand Bouddha. Mais l'empereur Shomu, qui participa lui-même au transport de terre sur le site du Todai-ji, gagna le soutien de Gyogi, le chef des bouddhistes chamanes. En amenant une relique bouddhiste au sanctuaire de la déesse Amaterasu, Gyogi reçut un oracle favorable et parcourut le pays, convainquant avec succès le peuple que la déité shintô avait donné sa bénédiction au projet.

Daibutsuden, la salle du Grand Bouddha, fut originellement construite avec les fonds récoltés avec l'aide de Gyogi. Elle fut reconstruite au XVIIIe siècle.

Le bouddhisme Tendai

En 784, le nouvel empereur Heian abandonna Nara (voir p. 102-103) et en 793 s'établit à Kyoto. Ce déplacement vers la « capitale de la paix et de la tranquillité », nouvellement construite sur le modèle de la capitale chinoise impériale de Tchang'an, fut en partie motivé par la volonté d'échapper aux politiciens monacaux de Nara. En 788, lors de la septième lune, un jeune moine nommé Saicho escaladait le mont Hiei dominant Kyoto en chantant : « Ô bouddhas du plein Éveil, bénissez la cabane que j'inaugure au sommet de cette montagne ! » Saicho avait lui aussi fui Nara, dégoûté de l'institution bouddhiste, de plus en plus mondaine, qui y régnait. La « cabane » de Saicho devint bientôt un temple important protégeant le côté nord-est de Kyoto, mal auguré selon la géomancie chinoise.

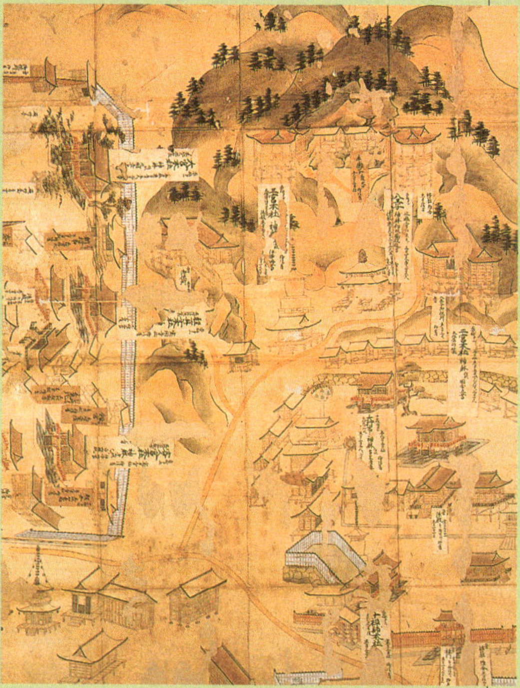

Carte du XVIIIe siècle (période d'Edo) montrant les sanctuaires et les temples sur le mont Hiei

Après un court voyage en Chine où il chercha sans succès la sanction spirituelle pour le site de son temple, Saicho retourna au mont Hiei afin d'y établir ce qui devint, avec le Zen, la plus grande et la plus durable des écoles du bouddhisme japonais. Le Tendai, comme l'école chinoise T'ien-t'ai sur laquelle il s'est modelé, fonde sa doctrine sur le *Sutra du lotus* (voir p. 90-91).

Trois principaux traits caractérisent le bouddhisme de Saicho. Premièrement, son universalité. « Tous les êtres humains ont en eux le lotus de la bouddhéité », écrivait Saicho, suivant la doctrine T'ien-t'ai. Ceci tranchait avec le bouddhisme japonais de la période de Nara, devenu essentiellement le véhicule d'une ploutocratie monastique ou le prétexte à une esthétique prétentieuse. Deuxièmement, Saicho imposa à ses moines une stricte

Un moine Tendai à ses dévotions dans un temple de Kyoto

discipline, alors inhabituelle. Avant de pouvoir quitter le mont Hiei pour aller enseigner, un moine devait passer douze ans au monastère à pratiquer la concentration et la vision profonde *(shikan)*. Enfin, Saicho vit son monastère comme le « centre protecteur de la Nation ». Le rôle d'un moine entraîné sur le mont Hiei était teinté de nationalisme. Il exprimait par ses vœux de *bodhisattva* – de sauver les êtres – sa loyauté envers le « pays du Grand Japon ». Malgré des liens étroits avec l'empereur à Kyoto, Saicho ne reçut jamais la permission d'ordonner des moines Mahayana sur le mont Hiei. Jusqu'après sa mort, Nara demeura le seul centre d'ordination autorisé.

Xylographie du XVIIe siècle dans une gazette pour voyageurs montrant un temple à Kyoto, le centre du bouddhisme Tendai

LE TENDAI APRÈS LA MORT DE SAICHO

L'enseignement universaliste de Saicho se répandit dans les domaines bouddhistes et non bouddhistes. D'un côté, il fut un adversaire véhément de la doctrine élitiste de Nara qui insistait sur la nécessité conjointe de la connaissance doctrinale et sur celle de la pratique formelle. De l'autre côté, il s'efforça de se rapprocher au mieux de la religion shintô. « Le roi de la Montagne », l'esprit gardien shintô du Mont Hiei, fut, par exemple, l'objet de la vénération personnelle de Saicho. Par fusion, il devint « le Roi de la Montagne - Unique Vérité », un amalgame populaire du Tendai et du shintô.

Après la mort de Saicho, un immense complexe de sanctuaires et de constructions monastiques se développa sur le mont Hiei. Au plus fort du Tendai, il y eut probablement 3 000 temples sur la montagne. Mais la plupart disparurent au XVIIe siècle. Tandis qu'il se développait, le Tendai engloba d'autres doctrines bouddhistes. Ainsi, le moine Tendai Ennin (794-864) alla en Chine puis revint ajouter l'étude des *mandalas* (voir p. 107) et le culte du *Nembutsu* (l'invocation du nom d'un bouddha) à la pratique Tendai. De sorte qu'après la mort de Saicho, le Tendai devint souvent connu comme Mikkyo, une branche du « bouddhisme ésotérique ».

Au XIe siècle, des querelles politiques internes ainsi qu'avec l'école Hosso (Yogacara, voir p. 62) éclatèrent avec violence. Les factions monastiques du mont Hiei avaient toutes des prêtres armés et des mercenaires qui faisaient fréquemment irruption dans Kyoto et dans les temples des uns et des autres. Le temple de Miidera, centre majeur du Tendai ésotérique, fut réduit en cendres deux fois au XIe siècle, et sept autres fois en trois siècles. Mais il fut toujours reconstruit. Le phénomène des moines-guerriers domina la période médiévale.

L'école Shingon de Kukai

Un groupe de moines Shingon après une cérémonie d'initiation, biographie illustrée de Kukai (XVIIe siècle). Leurs « témoins » sont assis à l'arrière-plan.

« Sa mémoire reste vivante partout dans le pays. Son nom est très connu, pas seulement en tant que saint, mais aussi en tant que prêcheur, érudit, poète, peintre, inventeur et grand calligraphe. » Ainsi était Kukai (774-835), un aristocrate de Nara, diplômé du collège confucéen de Nara, et peut-être la plus célèbre de toutes les figures religieuses japonaises. On dit qu'il écrivit son premier traité sur le confucianisme, le taoïsme et le bouddhisme à l'âge de dix-sept ans.

Tenant le bouddhisme pour l'unique vérité, mais insatisfait des doctrines au Japon, Kukai se rendit en Chine en 804, à la recherche d'un système unifiant. Parlant un chinois courant et lettré, le jeune moine trouva un appui à la fois auprès de la cour T'ang et du maître bouddhiste Hui-kouo. Hui-kouo mourut en 805, non sans avoir transmis à Kukai les doctrines secrètes du Mantrayana (véhicule des *mantras*), un système ésotérique reposant sur la transmission de maître à disciple. De retour au Japon, Kukai, soutenu par le nouvel empereur, établit l'école Shingon (Mantrayana) à Kyoto. Aux côtés du Tendai, le Shingon domina le bouddhisme japonais jusqu'au XIIe siècle et ces deux écoles survécurent aux influences de la plupart des autres formes de bouddhisme japonais.

« Shingon » vient du chinois Chen-yen (*mantra*, formule mystique). Ces deux écoles chinoise et japonaise sont issues du Tantra bouddhiste indien. Selon le Mantrayana, la vérité absolue est réalisée par les « Trois Secrets » du corps, de la parole et de l'esprit. Par la répétition de *mantras*, la contemplation de *mandalas* (diagrammes sacrés) et l'usage des gestes rituels *(mudras)*, il est possible d'atteindre l'Éveil et d'achever la bouddhéité.

La doctrine Shingon n'est pas l'enseignement du bouddha historique Shakyamuni mais celui du bouddha Vairocana, l'un des cinq *dhyani* (méditant) ou *Jina* (vainqueur) bouddhas, identifié ici au *Dharmakaya*, le Bouddha ultime.

Alors que Shakyamuni enseigna une doctrine « publique » simplifiée, les enseignements de Vairocana étaient sublimes et inexprimables par la parole. Doctrinalement, le Shingon a peu recours au discours : la vision de Vairocana décrit par des gestes symboliques, des *mandalas* et des syllabes mystiques le déploiement naturel de la vérité universelle. Kukai insista sur l'importance d'utiliser le sanscrit : « Les mots authentiques en langue originelle sont extrêmement hermétiques, chaque mot ayant un sens profond. Ce sens est altéré quand le son est altéré. C'est pourquoi nous devons revenir à la source. »

LES MANDALAS SHINGON

L'univers, selon le Shingon, est une manifestation du bouddha Vairocana sous deux aspects : le plan ultime du diamant indestructible *(vajradhatu)* et le plan manifesté et périssable, la « matrice » *(garbhadhatu)*. Toute réalité découle de la communion de ces deux plans, qui est le Bouddha.

Mais en vérité, écrit Kukai, « cette doctrine est trop profonde pour être écrite. À l'aide de la peinture, cependant, elle peut être saisie. L'art nous révèle l'état de perfection. » La plus grande forme d'art du Shingon est le *mandala*. Avec des couleurs éclatantes où dominent le rouge et le bleu, le « diamant » est symbolisé par un groupe de neuf carrés. Le *mandala* de la Matrice est formé de carrés concentriques au centre desquels un lotus à huit pétales porte des bouddhas. Dans un cercle central siège Vairocana en méditation. Les *mantras* sanscrits sont souvent inscrits sur les pétales de lotus. Les peintres de *mandalas* utilisent parfois une imagerie terrifiante. Beaucoup d'aspects du monde sont terribles, mais ce sont aussi des aspects du Bouddha qui ont la nature de Bouddha.

Diagramme ou mandala *du IX*[e] *siècle (Dun-huang), débordant de symboles semblables à ceux que Kukai découvrit lors de ses études en Chine. Au centre se trouve un lotus ou une roue signifiant le* dharma.

La Terre pure au Japon

Un rouleau peint du XVIIe siècle montrant le bouddha Amida dans son paradis occidental, entouré d'auditeurs attentifs à son enseignement

Depuis la proclamation du *dharma* par le Bouddha au VIe siècle av. J.-C., la plupart des bouddhistes sont concernés par la relation entre la souffrance et sa délivrance. Selon les premiers textes, le *nirvana* était réservé à ceux qui avaient renoncé au désir et étaient parvenus à la compréhension de la vérité, l'expérience des « choses telles qu'elles sont », condition indispensable à l'Éveil. Au Ier siècle ap. J.-C., le bouddhisme Mahayana (voir p. 60-63) amena un changement d'orientation : la délivrance était possible sans *nirvana*, non seulement pour une élite, mais aussi pour la masse des gens prêts à mettre leur foi dans un bouddha déifié. Au IIIe siècle ap. J.-C. en Chine, la « Terre pure », un mouvement offrant la délivrance dans le paradis occidental d'Amitabha (voir p. 92), se développa, entre autres, en réaction à la misère qui suivit l'effondrement du grand empire Han. Un millénaire après, le même mouvement bouddhiste s'enracina au Japon, lorsque les shoguns de Kamakura s'emparèrent du pouvoir impérial

LA VOIE BLANCHE

Une parabole de l'amidisme chinois ancien était très aimée au Japon. Elle racontait l'histoire d'un homme qui voyageait vers l'ouest et fut stoppé par une immense étendue d'eau. La seule manière de la traverser était de suivre une étroite voie blanche battue par les vagues et léchée par les flammes de part et d'autre. Le voyageur regarda en arrière et vit une armée de bandits et d'animaux féroces se précipitant vers lui. La Voie blanche était la seule issue. À l'instant où il prit la décision d'y avancer, il entendit une voix : « La pensée correcte et le cœur sincère, marche sans peur, je te protégerai. » C'était la voix d'Amida. Le voyageur parvint sain et sauf au bout de la voie et atteignit le paradis occidental d'Amida.

de Kyoto et amorcèrent une longue période féodale.

Bien que la Terre pure eût débuté sous la période Heian, ce fut le moine Honen (1133-1212) qui porta le culte d'Amida (Amitabha, voir p. 92-93) au cœur du bouddhisme japonais. Honen commença en étudiant le Tendai (voir p. 104-105) au monastère du mont Hiei. Très éclectique, le Tendai, dans ses aspects dévotionnels, rituels et méditatifs, rassemblait différentes pratiques bouddhistes, mais après une période de recherche, Honen se sentit insatisfait du Tendai et devint un fidèle d'Amida. La différence était le choix entre l'Éveil et la renaissance dans une Terre pure (en japonais, *Jodo*). Considérant que l'Éveil était un but inadapté aux pécheurs de cette ère violente, Honen déclara dans son lumineux *Sermon en une seule feuille* que le *Nembutsu* (la répétition de *Namu Amida Butsu*, « Hommage au bouddha Amida ») conduirait le supplicant dont la foi est authentique au paradis d'Amida. Bien qu'Amida soit miséricordieux, le fidèle doit cultiver « un cœur sincère, profondément croyant, au désir ardent » en récitant le *Nembutsu*. Une fois le désir pour le *Jodo* établi, le *Nembutsu* peut devenir « la principale œuvre de la vie ».

SHINRAN, LE SUCCESSEUR DE HONEN

Pas plus que son aimable maître adogmatique, Shinran (1173-1262), le disciple de Honen, n'avait l'intention de fonder une école distincte. Mais Shinran, homme humble animé d'un sens aigu de sa propre indignité, apporta une contribution importante au bouddhisme japonais. Il élargit le champ de la délivrance amidiste en clamant qu'Amida avait déjà accordé son pardon à tous. Le *Nembutsu* était moins un appel à Amida qu'une prière de gratitude pour sa miséricorde. Shinran, « ni moine ni laïc », se maria et eut des enfants, créant un précédent pour les moines japonais à venir.

Ce mandala *japonais représente le paradis occidental comme une cour sainte autour du bouddha Amida sur un siège de lotus.*

Nichiren

La destinée de Nichiren (1222-1282) est peut-être la plus originale de l'histoire bouddhiste japonaise.

« Né fils de la plus basse caste », il était destiné à devenir « le pilier du Japon, l'œil de la nation ». Ce fut l'ambition de Nichiren que la religion d'État japonaise repose sur la pratique du *Sutra du lotus* (voir p. 90-91).

Nichiren débuta comme un moine Tendai étudiant sur le mont Hiei. Le bouddhisme Tendai (voir p. 104-105) se fondait sur le *Sutra du lotus*, et sous bien des aspects, la doctrine de Nichiren ne se distinguait pas du Tendai. Deux sujets, cependant, isolèrent Nichiren : le style militant de sa propre interprétation et son insistance pour que le *Lotus* devienne la pratique du gouvernement. Nichiren rendit ses vues publiques avec un verbe vif, attaquant à la fois les établissements séculaires et bouddhistes. La réponse ne se fit pas attendre et le moine vociférant fut banni dans l'île d'Izu.

Là, entre 1261 et 1263, « jour et nuit, en marchant, debout, assis, allongé », Nichiren se plongea dans une étude renouvelée du *Lotus*. Durant cette période, il se convainquit que certains passages du *Sutra* (« Ils dévieront et nous abuseront, ils nous frapperont avec bâtons et pierres ») étaient des prophéties concernant sa propre persécution.

Après sa libération, Nichiren continua de conspuer l'institution. C'était une époque violente et il se fit beaucoup d'ennemis. En dépit de la réalisation ultérieure de ses avertissements concernant l'invasion mongole au Japon, il fut condamné à mort. Selon la légende, la hache levée pour lui trancher la tête fut frappée par un éclair. Nichiren repartit en exil. Sur l'île de Sado, il se convainquit qu'il était Visishtacarita (en japonais Jogyo), un *bodhisattva* « de l'action superbe » cité dans le *Sutra du lotus*.

Cette xylographie très expressive imprimée par Kuniyoshi (1797-1861) montre Nichiren calmant la tempête sur le chemin de l'exil. Les mots Namu Myoho-renge-kyo *(Hommage au* Sutra du lotus*) apparaissent favorablement dans les eaux.*

À la fin de son exil, Nichiren se retira dans l'ombre à Minobu, où il entra dans une phase plus calme mais non moins apocalyptique, rêvant encore d'une assemblée bouddhiste unifiée. Il comparait son ermitage au pic des Vautours où le bouddha Shakyamuni avait enseigné. « Je vis dans une retraite solitaire en montagne, écrivit-il, mais dans le sein de Nichiren se trouve secrètement enchâssé le grand mystère que le seigneur Shakyamuni m'a transmis. Ce lieu étant la demeure de cet homme qui a réalisé le

Un rouleau japonais ornementé du Sutra du lotus, *milieu du XVII*[e] *siècle*

Lotus de la vérité, comment pourrait-il être moins éminent que le pic des Vautours ? »

Nichiren inventa deux principaux véhicules de pratique. L'un était l'étude d'un *mandala* de sa propre composition, symbolisant le Bouddha originel unifié. L'autre, plus important, était la récitation du *Namu Myoho-renge-kyo* (« Hommage au *Sutra du lotus* »). En vouant à l'enfer la pratique amidiste de récitation du *Nembutsu*, Nichiren était persuadé que la répétition de sa formule, même une fois l'an ou une fois dans la vie, conduisait au salut, à l'achèvement de la bouddhéité.

En réponse à l'occidentalisation du Japon du XXe siècle et aux changements du monde d'après-guerre, l'école Nichiren, subdivisé en quantité de sous-sectes, a gagné considérablement en popularité, attirant des disciples en Europe et aux États-Unis dans la dernière décennie.

LES ENSEIGNEMENTS DE NICHIREN

Tandis que l'école Shingon vénérait le bouddha Vairocana et que les dévots de la Terre pure appelaient Amida, Nichiren considérait simplement un bouddha dont les différentes formes, telles que décrites dans le *Sutra du lotus*, étaient inséparables. Lors de son exil en 1261, Nichiren établit les cinq éléments de son credo. 1) Le *Sutra du lotus* est le parfait exposé de la vérité. 2) Cet âge (appelé Mappo dans l'historiographie bouddhiste, l'âge final d'une série de dégénérescences croissantes) nécessite une religion simple et définie. 3) Mappo est la période dans laquelle la doctrine devrait être proclamée. 4) Ceci devrait être fait au Japon et plus tard universellement. 5) Tous les autres systèmes bouddhistes ont fait leur temps ; ils devraient s'adonner au *Lotus* et ainsi unifier la religion. « Si ceux qui prêchent une fausse doctrine sont supprimés et ceux qui détiennent la vraie foi sont respectés, le pays sera alors en paix », écrivit Nichiren.

Les débuts du Zen

Le portrait de Minamoto Yoritomo sur un rouleau de soie. Copie du XIVe siècle d'une peinture du XIIe exécutée par Takanobu.

Le Zen vint au Japon au milieu du XIIe siècle, quand l'aristocratie régnante à Kyoto perdit finalement son pouvoir au profit de la classe militaire de Kamakura. Le pouvoir des clans militaires s'était accru depuis le IXe siècle. En 1156, le clan Taira, qui contrôlait déjà la moitié du Japon, établit une dictature à Kamakura, et l'empereur devint effectivement leur pantin. Trente ans plus tard, après de terribles guerres, les Taira perdirent au profit de leurs rivaux, les Minamoto. En 1192, Minamoto no Yori-tomo devint le premier shogun, ou « généralissime dompteur de barbares ». Le système du shogunat dura jusqu'en 1868, lorsque le pouvoir revint à l'empereur.

Une année avant l'établissement du shogunat, le moine japonais Eisai revint de Chine où il avait étudié le bouddhisme Tch'an et avait été reconnu comme un nouveau maître. Eisai ramena chez lui deux choses : le Zen Rinzai et le thé. Considéré par Eisai comme « la plus merveilleuse médecine » et « un secret de longévité », le thé devint bientôt la boisson nationale. Sa préparation par les moines Zen devint plus tard l'exquise cérémonie du thé japonaise (voir p. 121).

Le bouddhisme Zen fut accueilli avec moins d'enthousiasme que le thé par l'élite de Kyoto. Le Tendai, le Shingon et la Terre pure représentaient la pratique établie dans la capitale et, avec leurs beaux rituels, ces formes de bouddhisme étaient devenues agréables à vivre. Par contraste, les exigences âpres du Zen, l'accent sur l'effort personnel et la promesse de l'Éveil plutôt que des Cieux, semblaient rébarbatifs et perturbants. Bien plus, depuis que le bouddhisme était devenu « japonais », les idées de la Chine n'étaient plus guère au goût du jour. Voyant le caractère infructueux de sa mission à Kyoto, Eisai se rendit à Kamakura, au nord-est. Là, paradoxalement, les subtilités du Zen trouvèrent la faveur de la caste guerrière terre à terre du shogun, les samouraï. Le moine guerrier a longtemps été un trait de la vie japonaise. Le samouraï, en revanche, utilisa le Zen comme méthode de concentration et de focalisation.

« Zen » est l'équivalent japonais de Tch'an, qui lui-même vient du sanscrit *dhyana* (méditation). Deux principales

Les gestes d'un maître de thé japonais avec la louche à eau apparaissent à la fois magnifiquement ritualisés et spontanés

écoles de Tch'an se développèrent sous la dynastie chinoise des Song, toutes deux mettant l'accent sur une contemplation directe de la réalité, méditative et non rituelle. Éliminant la scolastique bouddhiste traditionnelle, le Tch'an tendait à « pointer directement l'esprit et percevoir sa vrai nature ». La théorie Mahayana de la bouddhéité universelle est à la base de la philosophie du Tch'an et du Zen. « L'esprit » et « sa vraie nature » sont des expressions de l'idée que tous les êtres sont des bouddhas, et que « l'Esprit de Bouddha » est en chacun des êtres vivants. Pourquoi, en conséquence, cela prendrait-il des années de méditation *(zazen)* pour retourner à « l'esprit originel » qui est de tout temps éveillé ? Les maîtres Zen disent que c'est à cause d'une limitation chronique causée par notre croyance en un « moi » personnel, que l'illusion de posséder ce moi nous rend aveugles à la plus grande réalité, ou, comme le disait Eisai, à « la plus haute sagesse intérieure, l'aperçu du *nirvana* ».

LA VOIE DU SABRE DES GUERRIERS SAMOURAÏ

La discipline et la frugalité étaient de règle dans le régime de Kamakura, mais pour beaucoup de guerriers, la maîtrise du sabre devint avant tout une discipline spirituelle. L'éthique du samouraï était fondée sur la loyauté, la piété filiale, la bienveillance et l'ascétisme, ce qui s'harmonisait bien avec les rigueurs de l'entraînement du Zen. À un degré plus profond, le guerrier cultivait le Zen en action : l'intrépidité face à la mort et la spontanéité des engagements dans lesquels l'escrimeur agissait avec une précision presque surnaturelle, au-delà du contrôle conscient. Pour atteindre cette condition, le guerrier apprenait à se libérer de l'ego et de toute intention afin d'agir, face à la mort, libre d'esprit pensant. Telle était la méditation Zen de « l'esprit sur aucun objet ».

Un samouraï japonais maniant son sabre. Bois imprimé du XIXe siècle.

Le Zen Rinzai : l'étude des *koans*

« Un chien a-t-il la nature de Bouddha ? » : à cette question, le maître chinois Tchao-Tchou (Joshu en japonais) rétorqua hérétiquement : *« Wou ! »* (« Non ! », en japonais *« Mu ! »*). Répondant plus tard à la même question, mais affirmant cette fois la doctrine Mahayana, Tchao-Tchou dit « Oui ! », parce que tous les êtres ont la nature de Bouddha.

La réponse choquante de Joshu est fameuse dans le Zen, comme l'un des 1700 paradoxes et énigmes *(koans)* qui constituent la base de la méditation Rinzai. La méditation sur les *koans* – dont la plupart, comme *Mu !*, sont tirés de paroles de vieux maîtres Zen, – est censée mener les étudiants Rinzai vers de très profondes expériences d'Éveil « soudain » *(satori)*. L'accent porte à la fois sur un long effort et sur des moments de vision foudroyants. Pour avoir cet aperçu, l'étudiant est amené à lâcher la pensée conceptuelle et, en se vouant sans cesse à une énigme souvent insensée à l'évidence, s'ouvre à une réalité inexprimable en paroles, qui ne peut être réalisée qu'intuitivement. Être « éveillé » une fois, voir la vérité du *koan*, est une étape limitée mais significative. Complet pour un temps, l'aperçu doit être authentifié par un maître Rinzai *(roshi)*, puis être suivi d'une compréhension plus profonde par l'étude de *koans* plus difficiles. Il n'y a aucune réponse au *Mu !* de Joshu. L'acte même de la négation est une manière pour le maître de démontrer que le bouddhisme n'a que faire de réponses ou d'une doctrine. Il est facile, enseigne le Zen, de clamer une croyance, mais la compréhension impliquée par la croyance est bien au-delà d'une simple réponse « Oui ! »

La pratique de la méditation du *koan* se développa en Chine sous les T'ang (voir p. 94-95), mais sa forme japonaise actuelle vient d'Hakuin (1685-1768), un maître Zen qui était aussi un grand artiste, poète et calligraphe. Son propre récit extraordinaire de la méditation du *koan* est célèbre :

« Le *Mu* de Joshu me fut donné comme *koan*, écrit-il. Et je m'y appliquai avec effort. Je ne mangeai pas ni ne dormis durant des jours et des nuits quand, soudainement, une grande concentration prit place dans mon esprit. Je me sentis comme gelé dans un champ de glace couvrant des centaines de miles, et il y avait en moi un sens de complète transparence… Je me sentis idiot et vis qu'il n'y avait rien dans le monde que le *Mu* de Joshu. Je tentai de lire, mais les mots résonnaient comme une discussion dans quelque salle distante et quelquefois, je me sentais comme volant dans les airs. Les jours passèrent… quand soudainement, je réalisai que j'étais Ganto [un maître Zen assassiné] et qu'à travers tous les changements temporels, rien de ma personnalité n'avait été perdu. Mes doutes et ma confusion se dissipèrent comme glace au soleil. Je m'écriai : Merveilleux ! Il n'y a ni naissance ni mort auxquelles échapper ! Il n'y a point de suprême connaissance... »

Dans l'entrevue qui suivit son *satori*, Hakuin fut reçu froidement. « Fatras ! Fatras ! » répondit son maître. Quelques temps après, Hakuin, absorbé dans son esprit, resta planté à la porte d'une femme qui lui avait refusé l'aumône. Se méprenant sur la présence obstinée du moine, elle le fit tomber d'un coup de balai. La vérité du Zen éclata dans son esprit. Il se rua vers son maître qui saisit intuitivement la transformation opérée : « Entre ! cria-t-il, maintenant, tu y es ! »

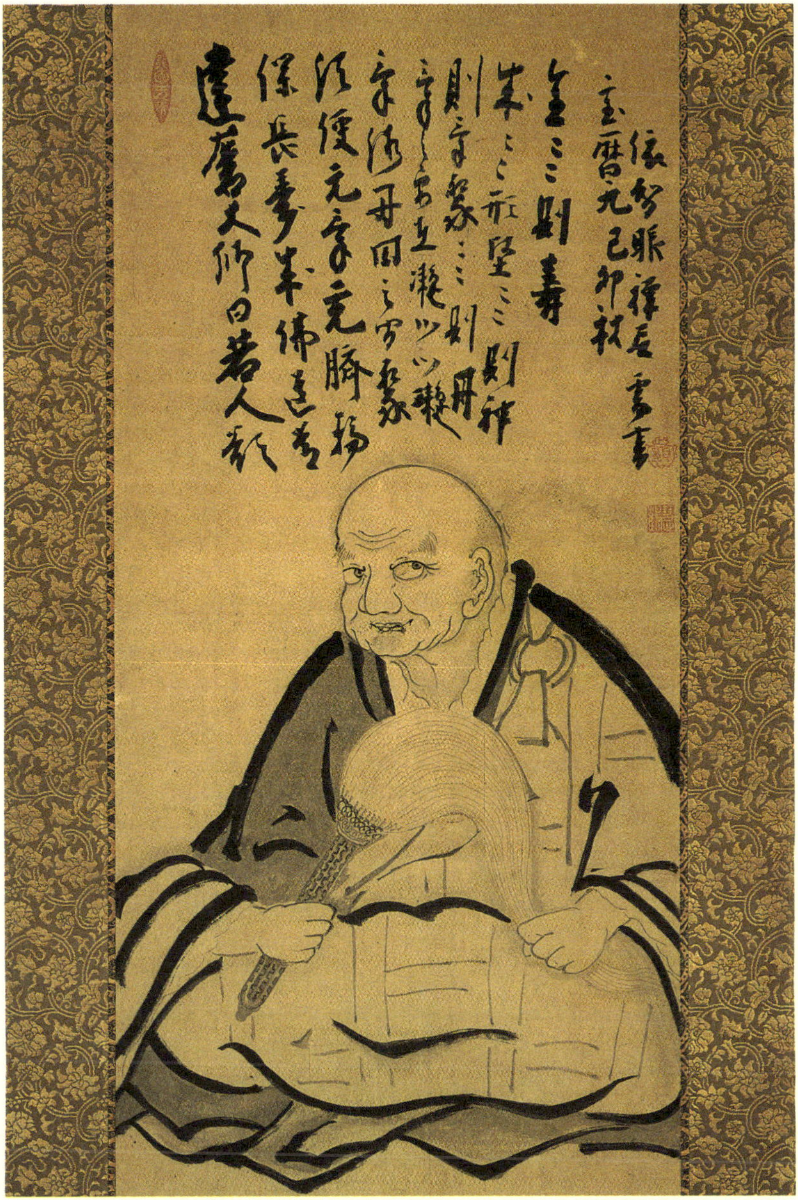

L'un des nombreux autoportraits d'Hakuin (1685-1768), montré ici avec un chasse-mouches en crin de cheval. Les traits bondissants et énergiques de ses robes complètent et soulignent subtilement le regard modeste, fugitif et ironique envers lui-même de la puissante figure du moine.

Le Zen Soto : Dogen

Des deux principales écoles du Zen japonais, le Soto fut la seconde à s'implanter. Dogen, son fondateur, fut d'abord un élève de Eisai, le maître Rinzai de la fin du XIIe siècle. Comme beaucoup de penseurs de l'époque, Dogen (1200-1253) débuta sa carrière au monastère Tendai près de Kyoto, puis se rendit à quatorze ans au temple Zen d'Eisai. Eisai mourut peu après, mais le jeune moine continua à étudier le Zen, et se rendit en Chine en 1223. Il y demeura jusqu'en 1227, y rencontrant, selon ses écrits, de nombreux obstacles.

Dans un récit candide, Dogen raconte comment, dans son attachement à la méditation formelle, il ne pouvait comprendre au départ pourquoi les moines chinois devaient se soumettre à des tâches apparemment triviales. Il rapporte comment il rencontra un *tenzo* (moine cuisinier) chinois venu acheter des champignons. « Monsieur, dit Dogen, pourquoi ne méditez-vous pas et n'étudiez-vous pas les *koans* des maîtres anciens ? Pourquoi travailler si dur en tant que *tenzo* ?

– Vous semblez bien ignorant de l'entraînement et du sens réel du bouddhisme ! » s'exclama le vieux moine en riant. « À cette époque, confesse Dogen, j'étais incapable de comprendre ce que cela signifiait. »

Cette histoire illustre à la fois l'humanité du futur maître et le caractère du Zen que Dogen développera. Plus peut-être que toute autre école, le Soto souligne l'importance d'accomplir les actions quotidiennes, des rites du temple à la

La résidence permanente de Dogen devint le temple de Eihei-ji (la Paix éternelle), sur la côte japonaise. Eihei-ji demeure de nos jours le plus grand et le plus important des temples Zen Soto. Même la salle d'eau (ci-dessous) est conçue selon l'esprit et le décor Zen. À droite, un jeune moine se déplace selon le pas, l'attention et la discipline requises pour un novice.

Un moine senior se tient dans la salle de méditation avec le « bâton de la compassion », que l'on utilise, sur requête, pour frapper les muscles des épaules du méditant et le réveiller.

simple défécation, comme l'expression de la conscience bouddhiste. La pratique, selon le Soto, est l'Éveil. Le simple fait de s'asseoir en méditation est l'Éveil.

Vers la fin de son séjour en Chine, Dogen entra au monastère du maître Tch'an Jou-Tching, sous la direction duquel il intensifia sa pratique du *shikantaza* (simplement s'asseoir). Un matin, il entendit l'abbé gronder un moine qui s'était assoupi dans sa méditation. « Le Zazen [méditation] est la façon de lâcher le corps et l'esprit ! Que peux-tu achever en t'endormant ! » À cet instant, Dogen lui-même s'éveilla.

« J'ai fait l'expérience de lâcher le corps et l'esprit », écrivit-il. Jou-Tching confirma l'éveil de Dogen et lui donna la permission de retourner au Japon.

« Demeure au large des villes, des rois et des ministres », lui conseilla-t-il. « Fais ta demeure dans les montagnes, dans les vallées isolées, et ne transmets l'essence du Zen qu'à celui qui est un vrai chercheur de *bodhi* [éveil]. »

De retour au Japon, Dogen fut déçu de trouver les moines Zen Rinzai vivant avec leurs « propres affaires, des robes délicates et des trésors entassés ». Revenu établir le Zen, il construisit une salle de méditation au temple de Kosho-ji, où il commença à entraîner des moines et écrivit ses *Règles de la nouvelle salle de méditation*. Dans ce texte, Dogen exprime sa passion en tant que maître et met l'accent sur un effort constant. « Imaginez que votre tête est sur le feu, écrit-il, c'est le moment de la sauver. »

LA VOIX DE DOGEN

Au cours de sa vie relativement brève, Dogen écrivit des œuvres d'importance majeure pour le Zen comme pour le bouddhisme en général. Cela va de courts travaux décrivant la pratique Soto jusqu'au *Shobo-genzo*, un grand et beau livre esquissant des essais analytiques dans une prose visionnaire qui le range parmi les plus grands dans la littérature mondiale. Le génie de Dogen réside dans une parole complètement directe. Orthodoxe quant aux traditions Hinayana et Mahayana, mais ignorant les théories bouddhistes accumulées depuis 1500 ans, Dogen s'appliqua à restaurer le *dharma* comme s'il était entièrement neuf. Dans sa voix résonne un timbre humain, âpre et étonnamment moderne. Ce moine altier et austère avait aussi l'humour et l'humilité qui accompagnent l'honnêteté intellectuelle. Quand l'empereur lui offrit la robe patriarcale, il écrivit : « Si un vieux moine ici portait le *kashaya* pourpre, les singes et les grues se riraient de lui ! »

Le Zen Soto : la pratique de Dogen

Le Zen Soto est une école du Mahayana dont la pratique, définie par Dogen, est presque identique à celle du Bouddha historique auquel Dogen se réfère fréquemment. Dans *Une recommandation universelle pour le zazen*, il suggère que « Vous devriez porter attention au fait que même le Bouddha Shakyamuni a dû pratiquer *zazen* [méditation assise] pendant six ans. Et Bodhidharma [le premier patriarche Tch'an] a dû faire *zazen* pendant neuf ans afin de pouvoir transmettre l'esprit de Bouddha [...] Si vous souhaitez accomplir la Sagesse du Bouddha, vous devriez commencer à vous entraîner dès maintenant. »

Pour des moines tels que ceux du monastère Eihei-ji, le travail est une part importante de la routine quotidienne et de la discipline monastique.

Simple, la méditation non ritualisée est l'essence du Zen. À l'exemple du Bouddha qui, avant son Éveil, s'assit dans la forêt sans préméditation et fit l'expérience d'un avant-goût de *nirvana* (voir p. 13), Dogen décrit la méditation Soto comme une expérience complètement naturelle. Mais bien que la sagesse s'élève spontanément et « non de l'extérieur », elle n'arrive néanmoins qu'à l'étudiant qui s'est confié à l'enseignement d'un maître qualifié. L'étudiant, écrit-il, « peut être comparé à une fine poutrelle et un vrai maître à un habile charpentier ». La métaphore correspond à l'image du tourneur dans les *sutras* Hinayana (voir p. 46-47) et les écrits de Dogen ne s'écartent jamais de l'orthodoxie.

Dogen lui-même était conscient de la souffrance qui précipita l'Éveil du Bouddha, et beaucoup de ses enseignements sont un moyen d'atteindre une perception dépourvue d'illusion de l'impermanence et du non-soi (voir p. 28-29). La position de Dogen dans le Mahayana

Le Bouddha décrivit le lieu parfait pour la méditation comme « la forêt, les racines d'un arbre ou un lieu solitaire ». Là, non distraits par le désir ou la stimulation de la compagnie, les méditants peuvent trouver la tranquillité pour étudier leur corps, leur esprit et leur karma*. Cependant, même les disciples du Bouddha s'assemblèrent durant la saison des pluies et de nos jours, les moines Zen méditent ensemble sur une base quotidienne.*

L'ÉTHIQUE ET L'ÉGALITÉ

Dogen met l'accent sur l'importance d'une éthique bouddhiste fondée sur les vœux du *bodhisattva* : « Délivrez les autres avant de réaliser votre propre Éveil. » Sa pensée tente également d'écarter les antithèses intellectuelles. Il médite sur l'unité de la vie et de la mort, de l'être et du non-être et sur la doctrine bouddhiste de « l'égalité ».

Une caricature Zen de Bodhidharma (VIe siècle), dont l'enseignement influença beaucoup la pensée de Dogen.

« Étudier la voie, écrit-il, c'est étudier le soi. Étudier le soi, c'est l'oublier. Oublier le soi, c'est être éveillé par toute chose. Être ainsi éveillé ôte les barrières entre soi et autrui. » Selon cette vue, il y a Quatre Grands Vœux de la méditation Zen : « Les êtres sensibles sont innombrables. Je fais le vœu de les sauver. Nos passions sont inépuisables. Je fais le vœu de les éteindre. Les saintes doctrines sont incommensurables, je fais le vœu de les étudier. La voie du Bouddha est difficile à achever. Je fais le vœu de l'achever. »

LA PRATIQUE ASSISE

Dogen écrivit des instructions détaillées pour les pratiquants Zen. Quelques-unes d'entre elles, comme éviter de trouver des fautes chez les autres, sont morales, mais d'autres sont de simples règles. Peut-être plus établies sont les indications de Dogen sur la méditation.

La méditation devrait être pratiquée dans une salle calme, dans la posture du lotus, les yeux ouverts, les vêtements lâches, le dos droit et la respiration calme et régulière. Puis Dogen instruit : « Pensez à la non-pensée... en pensant au-delà de la pensée et de la non-pensée. Telle est la base du *zazen.* »

Des moines Zen en zazen : ils sont assis les yeux ouverts et baissés devant un mur nu.

est de même sans ambiguïté. « Entraînez-vous sur la Voie qui pointe directement votre nature originelle », écrit-il. Mais essayer trop fortement mènera à « s'attacher » et à l'attachement à l'idée de l'Éveil. « Laissant toutes choses de côté, poursuit-il, ne pensez ni au bien ni au mal, à ce qui est juste ou erroné. Ayant ainsi mis fin aux fonctions variées de votre esprit, abandonnez l'idée de devenir un bouddha. »

Bien que l'expérience du *satori* soit un trait du Zen Soto, Dogen encouragea cependant un progrès graduel vers l'esprit de *bodhi* : l'esprit qui a laissé tomber le désir de gloire et de profit et « voit le flux de ce qui s'élève et retombe ».

Partant de la vacuité du non-soi, Dogen nous exhorte : « Pratiquez simplement le bouddhisme pour le bien du bouddhisme, telle est la vraie voie. »

Le Zen et les arts

Les anciens maîtres Zen, depuis Bodhidharma lui-même, étaient traditionnellement opposés à la représentation iconographique ou artistique du Bouddha. Puisque le but du Zen est de transcender les concepts et les images, l'usage d'icônes distrayait l'esprit de sa redécouverte de la vacuité, sa vraie nature.

Le message patriarcal de Bodhidharma était plutôt brutalement réaliste. Point de Bouddha dans le monde. Il y a seulement l'esprit de Bouddha dans l'esprit de l'homme. Les histoires de maîtres Zen brûlant gaiement des statues de Bouddha pour se réchauffer renforcent ce point de vue et soulignent la position la plus antiesthétique du Zen. Mais en dépit de cela, le Zen, comme toute école du bouddhisme, engendra une vaste éclosion artistique. L'exquis travail littéraire de Dogen, le premier et le plus ascétique des maîtres Soto, en est un exemple. Presque tout le champ de la créativité japonaise a été et continue d'être habité par l'esprit Zen. La liste la plus succincte des arts Zen principaux inclut la poésie, le drame nô, la céramique, la calligraphie et la peinture, mais aussi l'art des jardins, l'arrangement floral, le tir à l'arc, l'art du sabre, le judo et la cérémonie du thé.

Eugen Herrigel, dans *Le Zen dans l'art du tir à l'arc* (1953), explique brillamment aux Occidentaux les possibilités de joindre l'art aux valeurs spirituelles orientales. « L'art juste est sans objectif ni but. » On l'apprend en lâchant prise et en « laissant soi-même et toutes ses possessions derrière soi » afin qu'il ne demeure qu'une « tension sans but ».

« L'art sans art » qui inspire « l'archer sans arc ni but » du tir à l'arc Zen est exprimé dans d'autres activités bouddhistes en élevant la méditation à une discipline esthétique et physique qui transcende l'expression de soi. En perdant son soi dans la méditation, le pratiquant entre dans le « Tel Quel » universel et, avec une précision aiguë et hardie, exprime ce « Tel Quel » sans commentaire superflu.

Un maître archer dans un festival samouraï japonais. Sujet et objet convergent dans la non-pensée.

Les artistes Zen ont toujours été conscients des aléas de la distraction d'un strict chemin bouddhiste par l'intoxication esthétique. Mais ils sont également imprégnés des mots du *Sutra du cœur*, le texte Mahayana qui essentialise la relation entre vérité relative et absolue : « La forme est le vide, le vide est la forme. » Depuis le XIIIe siècle, le Zen a donné au monde quelques-unes de ses œuvres les plus miraculeusement expressives.

Cette jolie gravure sur bois de la fin du XIXe évoque le raffinement simple de la pièce du thé. Les ravissantes jeunes femmes exécutent le cha-no-yu *en un jeu élégant, et cependant, l'acte rituel demeure harmonieux. Mais avec un humour railleur, l'artiste dépeint des contrastes évidents, telle la somptuosité des kimonos de femmes sophistiquées, qui s'oppose à la rigueur de la chambre du thé. Sur les murs sont suspendus des rouleaux d'une austérité exaltée.*

LES JARDINS ZEN ET LA CÉRÉMONIE DU THÉ

Le rencontre « de la forme et de la vacuité » dans la créativité Zen trouve son expression la plus claire dans les formes les plus simples et les plus modestes. Le peuple japonais, depuis l'orée de la tradition shintô (voir p. 100-101), a toujours révéré la nature, et l'expression Zen consiste à faire ressortir la beauté naturelle tout en créant des jardins d'une exquise simplicité artificielle.

Le jardin du temple Tenru-ji au nord-est de Kyoto, établi au milieu du XIIIe siècle, en est un exemple. Un artiste, peut-être invité de la Chine des Song, y créa un paysage rocailleux au sein d'un étang. Ce groupe de formes naturelles disposé en un harmonieux arrangement asymétrique exprime la vision Zen d'une nature changeante au sein de sa « telléité » originelle, à la fois parfaite et pourtant naturellement « non achevée ».

La cérémonie Zen du thé *(cha-no-yu)* a lieu traditionnellement dans de tels jardins. Dans son esprit, la cérémonie incarne les principes d'harmonie, de révérence et de sérénité. En pratique, l'invité se rend au pavillon du thé en traversant un jardin où l'eau courante et les rocs sont présents, symboles de l'impermanence et du non-soi. La maison de thé est tout à fait simple. À l'intérieur, selon une étiquette compliquée, son hôte prépare le thé avec des ustensiles à la fois raffinés et bruts. Le silence du pavillon, intensifié par les sons délicats du feu et de l'eau, signifie – peut-être – la paix du *nirvana*.

Un austère jardin Zen de sable ratissé pour évoquer l'eau. Des tas de sable rappellent les îles rocheuses. Purement tracés, de tels jardins suggèrent, avec une artificielle simplicité, la convergence des opposés : la matière et la vacuité, l'impermanence et l'intemporel, le relatif et l'absolu. Les moines ont ratissé le jardin avec une précision Zen.

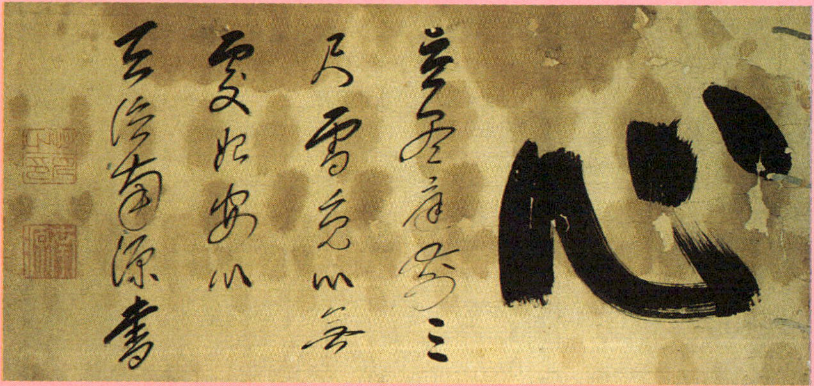

Cette peinture japonaise du XVIIe siècle montre comment la spontanéité détendue du Zen peut conduire à une écriture non conventionnelle.

Dans la période ancienne du bouddhisme japonais, la poésie, les chants et la culture religieuse étaient transmis oralement. Mais dès le VIe siècle, les textes bouddhistes furent copiés par des moines japonais, bien qu'encore en chinois. La conversion de la langue japonaise en caractères chinois se pro-duisit un siècle plus tard, et au IXe siècle à Kyoto, la calligraphie était devenue pour les lettrés Heian comme pour les moines bouddhistes un art propre à exalter les critères esthétiques.

Le premier chef spirituel bouddhiste à encourager l'usage de l'art pour communiquer le *dharma* fut le maître Shingon Kukai, lui-même un fameux calligraphe. Au XVIIIe siècle, écrivant sur la calligraphie Zen, le grand maître Rinzai Hakuin fait appel à « la force renversante de la vision illuminée » qui pénètre toute œuvre de valeur spirituelle et esthétique. Hakuin était lui-même héritier d'une tradition née au monastère Tenru-ji, où le moine Ikkyu (1394-1481) rompit avec les conventions Heian pour créer une calligraphie Zen brute, spontanée et tout aussi désinvolte que les plans rocheux dans le fameux jardin du Tenru-ji. À traits de pinceau rapides, vifs, souvent énergiquement secs, Ikkyu évita l'élégance des travaux Heian et produisit des rouleaux d'une immédiateté vitale et résolue.

Très tôt, les rouleaux calligraphiés furent utilisés comme devises d'enseignements ou comme objets de contemplation. Les fervents de la cérémonie du thé accrochèrent ces rouleaux dans leur pavillon de thé. Bien sûr, les traits de pinceau délivrant un message Zen ne furent pas seulement un véhicule : le moyen et le sens devinrent inséparables.

La calligraphie Zen s'est aussi développée comme une véritable méditation en soi. Une grande concentration, la vision profonde et la liberté spirituelle sont inscrits dans le plus simple des traits des maîtres Zen. *Ichi,* une simple ligne horizontale représentant « l'un », ou le cercle Zen *(enso)* signifiant la vacuité, peints par Hakuin, sont, dans leur simplicité, des expressions de perfection spontanée issues d'années de méditation.

LA PEINTURE ZEN

La calligraphie et la peinture Zen ont le même style de représentation non étudié et minimaliste. Mais il y a une limite à laquelle les peintres Zen doivent se conformer : tout, dans leurs mains, doit exprimer la conviction bouddhiste, et l'intensité de cela dépend de la qualité de leur vision profonde.

Un genre majeur, dérivé de la peinture chinoise de paysage, se voue aux scènes naturelles. Celles-ci montrent de l'herbe, des rocs, de l'eau, pleins de vie et peints sobrement dans une lumière brumeuse et délavée, ou immergés dans la blancheur de l'espace infini du *nirvana*. Il y a aussi les études de fleurs ou de fruits, tels les kakis de Mu-tch'i, où la réalité des choses, perçue avec acuité, est présentée crûment, tout à la fois ordinaire et sublime.

Importants également, les portraits et autoportraits de maîtres Zen. Parfois grossièrement esquissés en quelques traits, ils sont destinés à communiquer la sagesse ou l'autorité de leurs sujets plutôt qu'une ressemblance physique. Les portraits du premier patriarche Zen Bodhidharma (en japonais, Daruma), dépeignent un vieux moine difforme aux grands yeux fixes en contemplation féroce. Le vénérable Hakuin traça de lui-même des portraits dans la même veine comique exagérée (voir p. 115).

D'une veine plus allègre sont les scènes de clowns ermites ivres et sans soucis tels que Han-shan et Shih-te. Les deux sages chinois rient dans leurs bols et dorment à la belle étoile. Dépassant les conventions, exprimant joyeusement un *dharma* presque taoïste, ils parodient et singent l'éveil monastique soigneusement autorisé.

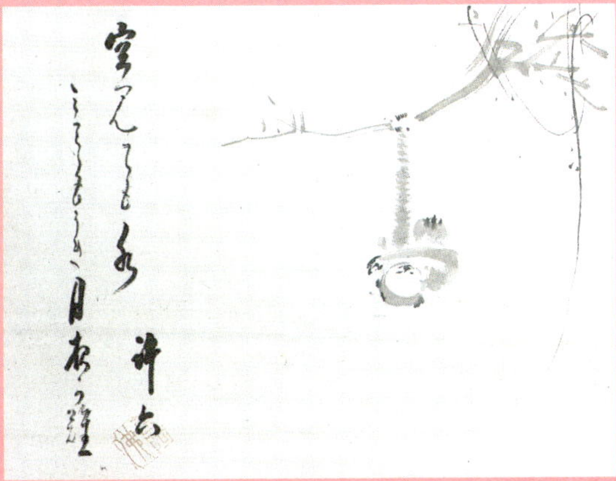

Calligraphie fluide de Matsuo Basho, le plus grand des poètes de haïku, avec une peinture de l'un de ses élèves

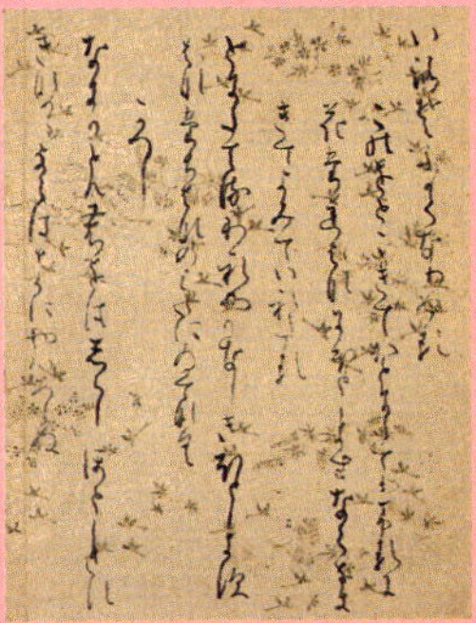

Un message de Basho écrit deux jours avant sa mort, où il s'excuse auprès de ses élèves de mourir avant eux.

HAÏKU

Le maître Zen Rinzai disait : « La pure clarté de chaque instant de pensée est le Bouddha du *dharmakaya* dans votre propre demeure. » Le haïku est l'expression poétique d'instantanés Zen. Utilisant dix-sept syllabes, dans une fraction de temps d'éveil, le haïku « pointe directement » la totalité d'une perception, puis s'évanouit de l'existence. Un poème haïku doit faire référence à l'une des quatre saisons, le plus souvent seulement suggérée par un symbole ou une image, mais aussi transcender le temps. Il est écrit du point de vue non duel : l'art du poète et, plus important, l'ego du poète doivent s'effacer.

Une vieille mare. Ah !
Une grenouille y plonge.
Clapotis de l'eau.

Matsuo Basho (1644-1694)

Le bouddhisme au Tibet

Le Tibet fut la dernière des nations asiatiques atteintes par les missionnaires indiens. Encouragée par la monarchie centrale, la conversion du peuple tibétain fut relativement rapide et complète. Mais le bön, la religion tibétaine indigène, ne s'éteignit pas pour autant et nombre de ses aspects furent absorbés dans le *dharma* bouddhiste. Le Hinayana et le Mahayana traversèrent les Himalayas jusqu'au « pays des Neiges », mais ce furent le Mahayana et le Tantra qui s'y développèrent. Ce dernier, le « Véhicule du Diamant » (Vajrayana), s'est épanoui dans le bouddhisme tibétain, incluant l'ensemble des enseignements bouddhistes dans une vue plus globale.

Bien que différentes dans les détails des rituels et des pratiques, les quelques écoles tibétaines sont unies dans leur orthodoxie, renforcée par la traduction de la totalité du canon bouddhiste en tibétain. De nos jours, beaucoup de textes sanscrits bouddhistes ne survivent qu'en traduction tibétaine. Une immense tradition originale de peinture, de travail du métal et d'architecture bouddhique s'est développée dans les monastères. La plupart de ces œuvres ont été détruites ou profanées lors de la Révolution culturelle chinoise. Depuis 1980, quelques timides restaurations ont commencé, mais le Tibet demeure une terre occupée, avec un gouvernement en exil et de nombreux chefs spirituels disséminés en Inde et en Occident.

Gyantsé Dzong, centre administratif de la province tibétaine du Tsang. Endommagé par les Britanniques en 1904, dévasté en 1959 durant l'invasion chinoise, il a maintenant été restauré. L'important sanctuaire bouddhiste interne demeure intact.

Le Tibet prébouddhique et la religion bön

Le bouddhisme arriva au Tibet vers 650. Avant l'arrivée des moines bouddhistes était pratiquée une religion autochtone appelée bön, sous deux formes principales. L'une était une religion de prêtres qui servaient les premiers rois tibétains. Les rois étant des dirigeants sacrés, la première responsabilité des prêtres bön était d'assurer la continuité de rituels soutenant la monarchie. L'autre forme de bön, proche du chamanisme, était enracinée dans les communautés rurales. Ses officiants, des adeptes religieux, opéraient en contrôlant les déités locales et les esprits parfois malveillants qui hantaient en grand nombre toutes les régions du Tibet. Comme beaucoup de chamanes du nord-est de l'Asie, les bönpos usaient de la danse, du chant, des tambours et des amulettes dans leurs rites, mais ils savaient également accorder les énergies individuelles avec celles de l'environnement. L'infortune étant habituellement attribuée aux esprits, c'était leur tâche de faire des divinations et, à l'aide de rituels magiques, d'amener ces forces à guérir les maladies et à protéger les communautés.

Le Tibet fut le dernier des grands royaumes d'Asie à se convertir au bouddhisme. Retranché derrière la barrière himalayenne, le « pays des Neiges » était une grande puissance en Asie. Entre le VIIe et le IXe siècle, les armées tibétaines pénétrèrent profondément en Chine, prenant même un court moment le contrôle de Tchang'an, la capitale chinoise (763). Durant ces siècles, les contacts avec la Chine, le Cachemire, l'Inde et le Népal nourrirent le Tibet d'influences bouddhistes. C'est dans ce contexte que prit forme la trame particulièrement riche de la spiritualité tibétaine.

Le monastère de Rongbouk, dans la passe située à 10 km du camp de base de l'Everest

LE BOUDDHISME ENTRE AU TIBET

L'histoire ancienne du bouddhisme tibétain est divisée en deux périodes. La « Première Diffusion du *dharma* » commença avec le roi Songtsen Gampo (mort en 650). Ayant unifié le Tibet en ralliant la noblesse guerrière, le roi poursuivit une politique d'expansion militaire. Deux de ses épouses, une Chinoise et une Népalaise, l'encouragèrent à favoriser l'importation du bouddhisme au Tibet. Songtsen Gampo comprit le potentiel unificateur du bouddhisme et, bien qu'il demeurât probablement proche du bön, fut plus tard canonisé comme le « premier roi bouddhiste » et considéré comme l'incarnation du *bodhisattva* Avalokiteshvara (voir p. 62, 64). Sous son règne, des moines venus de l'Inde et de l'Asie centrale fondèrent la tradition monastique. Un alphabet tibétain fut adapté d'une écriture du nord de l'Inde afin de consigner par écrit les textes traduits, et le roi désireux d'échapper au pouvoir des prêtres bön soutint avec enthousiasme le *dharma* bouddhiste.

Ce fut Trisongdetsen (742-797), le second « roi du *dharma* », qui établit l'autorité du *sangha* (communauté) bouddhiste, et après l'arrivée au Tibet du grand maître tantrique Padmasambhava, le grand monastère de Samyé fut consacré. À partir de 779, on y ordonna les premiers moines tibétains. Aux alentours de 792 eut lieu à Samyé un débat entre des mahayanistes indiens et chinois qui détermina l'adoption du système indien de « l'Éveil graduel ».

Le siècle suivant vit l'effondrement de la dynastie et la persécution du bouddhisme. Vint ensuite au XIe siècle la « Seconde Diffusion du bouddhisme » sous l'égide d'un roi des régions de l'ouest, Yéshé Ö, et du traducteur Rinchen Zangpo.

Statue de bronze doré du XVIIe-XVIIIe siècle représentant Padmasambhava qui introduisit la pratique tantrique au Tibet.

Statue de bronze doré du XVIe-XVIIe siècle représentant Avalokiteshvara, le bodhisattva *protecteur du Tibet et du Népal*

Arrivé au Tibet en 1024, le maître indien Atisha (982-1054) insiste sur la discipline et la pratique de la compassion. Son influence rénovatrice est renforcée par celle des traducteurs qui rapportent textes et doctrines de l'Inde. Il s'ensuit l'émergence des « écoles nouvelles » fondées sur des contacts suivis avec les bouddhistes indiens. Par contraste les détenteurs des enseignement de Padmasambhava reçurent le nom d'« anciens » *(Nyingmapa)*.

Moines et lamas

Jeunes novices bhoutanais regardant le festival coloré de Paro

Le bouddhisme imprègne littéralement toutes les sphères de la vie du peuple tibétain, ce qui ne veut pas dire que tout maître religieux doive prononcer les vœux monastiques. Quelques-uns des plus grands lamas (maîtres) tibétains, tels Marpa et Milarépa au XIe et au XIIe siècle, ont été des laïcs et nombreux sont les adeptes laïcs ou partiellement ordonnés qui vivent dans des ermitages retirés, étudiant, enseignant et pratiquant les rites tantriques et la méditation. Au cours de leur entraînement, par exemple, les jeunes moines peuvent passer trois ans dans un ermitage dirigé par un lama laïc.

Comme tous les moines bouddhistes, ceux du clergé tibétain pleinement ordonné suivent la discipline du *Vinaya* stipulée dans les écritures Hinayana (voir p. 71). L'équivalent Mahayana du *Vinaya* devint la base des très nombreuses règles de vie spécifiquement tibétaines qui gouvernent la routine monastique, studieuse et ritualiste. Au XIXe siècle, plus de 16 % des hommes étaient moines, et avaient ainsi un meilleur statut social. Beaucoup de familles s'efforçaient d'avoir au moins un fils moine.

Le garçon postulant peut espérer passer trois ans absorbé dans la routine monastique, apprenant à lire, à écrire et à réciter les textes. Un programme d'instructions rigoureuses sous la direction de lamas s'ensuit, chaque lama étant spécialisé dans les *Sutras*, le *Vinaya*, l'*Abhidharma* ou les *Tantras*. Ces cours sont sanctionnés par des examens finaux. Autre trait de l'entraînement monastique tibétain, l'exercice des débats compétitifs publics avait pour but d'entraîner les novices à exprimer la « véritable et la plus profonde essence du *dharma* ».

Après douze ans d'études et de mémorisation de textes Mahayana et de commentaires, les étudiants, âgés d'au moins vingt ans, peuvent recevoir l'ordination complète, et ceux qui réussissent brillamment leurs examens finaux se dirigent vers des positions élevées dans la hiérarchie religieuse ou politique.

Des moines construisant un mandala d'initiation fait de sable et de poudre de pierres précieuses. Après la cérémonie, le mandala *sera détruit, ce qui exprime l'insubstantialité des formes visibles.*

LA VIE MONASTIQUE

Devenir un moine tibétain signifie aussi prononcer les vœux de *bodhisattva* tels qu'exprimés dans le *Sutra du Diamant*, pour « mener tous les êtres vers le *nirvana* ». L'exemple du *bodhisattva* qui refuse le *nirvana* final est pris littéralement : beaucoup de hauts personnages religieux sont considérés comme des *bodhisattvas* réincarnés pour œuvrer au bien des êtres.

La vie d'un moine est austère et exigeante. Dans la solitude de leurs cellules, les moines méditent, se prosternent et répètent des *mantras* et des formules telles que le « Triple Joyau » (voir p. 41) des milliers de fois par jour. La vie commune implique des réunions quotidiennes : rituels accompagnés de chants et de musique avec tambours, conques, clochettes, trompes et cymbales, construction de *mandalas* ou organisation de cérémonies annuelles complexes.

En dehors des routines purement religieuses, les moines ont des devoirs correspondant à leur niveau intellectuel et spirituel, à l'intérieur comme à l'extérieur du monastère. Les moines tibétains, contrairement à la tradition Hinayana, ont le droit de travailler dans le commerce ou l'agriculture ; beaucoup se spécialisent dans les artisanats séculaires et religieux. Bien que les monastères ne soient plus désormais des institutions foncières, des moines poursuivent des carrières administratives qu'ils associent avec un rôle pastoral dans des communautés isolées. Au plus haut niveau des activités séculaires figure le commerce national et international dont dépendent le bien-être du *sangha* et du pays. Depuis le XIe siècle, tout, des négociations frontalières à l'exercice de la justice civile et criminelle, a été mené à bien par des moines.

Jeunes moines étudiant le Kangyour, *le canon essentiel bouddhiste traduit en tibétain*

À part la méditation – moyen personnel de libération pour les pratiquants – et l'aide à autrui, le *sangha* tibétain a pour souci majeur de développer et de préserver la culture bouddhiste tibétaine. La copie, la correction, la traduction et la restauration de textes sont des activités de grand mérite spirituel, ainsi que la construction de statues dévotionnelles et la création de *thankas* (peintures embrocardées) qui sont parmi les principales réussites de l'art tibétain.

Les écoles bouddhistes tibétaines

Toutes les écoles tibétaines se rattachent à la pratique monastique Mahayana Sarvastivadin du nord de l'Inde. Les différences entre écoles concernent donc davantage les doctrines tantriques et les lignées de maîtres. Quelques monastères sont tenus par des clans familiaux qui conservent le pouvoir spirituel au sein de leur groupe. D'autres, sans soutien aristocratique, ont une succession hiérarchique liée au système des *tulkous*, réincarnations de lamas défunts installées enfants sur le trône abbatial.

Après la persécution du bouddhisme au IXe siècle, les lamas, héritiers des enseignements de Padmasambhava, formèrent l'école Nyingmapa, dite « des anciens », parce que liée à la Première Diffusion. En 1056, le disciple principal d'Atisha (voir p. 127) fonda l'école Kadampa, qui rétablit une discipline monastique en stricte observance du *Vinaya*. Une autre école fut établie dans la même période par Marpa (1012-1096). Après des années d'études et d'initiation en Inde où il étudia avec Naropa, un maître tantrique du Bihar, Marpa retourna au Tibet fonder l'école Kagyüpa. Laïc et fermier, Marpa mena de front la vie d'un chef de famille marié, celle d'un maître tantrique et la traduction de textes sanscrits. Kagyüpa signifie « ceux qui suivent la lignée orale ». Chaque maître était initié et inspiré par un précédent gourou. Ainsi, Naropa succéda directement à Tilopa, qui fut lui-même instruit par le bouddha Vajradhara (voir p. 141).

Milarepa, célèbre pour sa maîtrise de la chaleur mystique, dans la fine robe de coton qu'il portait en hiver. Statue du XVIIe siècle.

Milarépa (1040-1123), yogi ermite, d'abord magicien noir célèbre et craint, devint après maintes épreuves purificatrices, le principal disciple de Marpa. Ses chants de dévotion inspirèrent toute une tradition de poésie bouddhiste tibétaine.

Sa Sainteté le quatorzième dalaï-lama

LES PREMIERS DALAÏ-LAMAS

Deux théories distinctes de la réincarnation expliquent l'identité spirituelle du dalaï-lama. Selon la première, l'esprit du lama défunt renaît dans un enfant. Le bébé choisi est intronisé et plus tard initié et entraîné comme un moine avant d'assumer ses fonctions. Cette réincarnation maîtrisée diffère de celle des êtres ordinaires dont la renaissance est déterminée par le *karma* personnel. La seconde théorie, selon laquelle chaque dalaï-lama est une incarnation d'Avalokiteshvara, est probablement née au XVIIe siècle. Puisque le premier « roi du *dharma* » tibétain (voir p. 127) était aussi considéré comme une incarnation d'Avalokiteshvara, le lien suggéré entre le premier bienfaiteur bouddhiste du Tibet et chaque dalaï-lama est un puissant symbole.

La salle du trône complètement restaurée au Norbu Lingka, la résidence d'été des dalaï-lamas

LES SAKYAPA, LES GUÉLOUGPA ET LE DALAÏ-LAMA

Les écoles Sakyapa et Guélougpa ont toutes deux joué un rôle capital dans l'histoire tibétaine. En 1244, l'abbé des Sakyapa devint le « prince régent » du Tibet sous la protection du *khan* Mongol régnant. Plus tard, l'empereur Koubilaï khan conforta le patronage mongol des hiérarques Sakyapa. À partir de cette époque jusqu'à la répression chinoise du bouddhisme au Tibet dans les années 1950, le pays fut gouverné par une hiérarchie de lamas.

Mais le pouvoir passa à une autre école. Au début du XVe siècle, l'école Kadampa fut absorbée dans la nouvelle école appelée Guélougpa (Les Vertueux). Établis à Lhassa, les Guélougpa s'efforcèrent de gagner le pouvoir sur les maisons monastiques rivales. Ce ne sera pas avant 1656, grâce encore au soutien mongol, que les Bonnets jaunes, dirigés par le cinquième dalaï-lama (1617-1682), gagneront le pouvoir. Le titre de dalaï (océan de Sagesse) lama fut décerné par les Mongols. Prêtre-souverain du Tibet, le cinquième dalaï-lama fut proclamé incarnation du *bodhisattva* Avalokiteshvara (voir p. 62). Pour affirmer son pouvoir, le cinquième dalaï-lama fit bâtir un palais monastique sur la Colline rouge surplombant Lhassa, et l'appela Potala, du nom du palais céleste d'Avalokiteshvara.

Le palais du Potala, qui échappa au pire de la Révolution culturelle, est maintenant un musée d'État.

L'univers bouddhiste

Vajrasattva, « L'Être adamantin », surmonté du bouddha primordial Samantabhadra et entouré des quarante-deux déités paisibles du bardo

Tandis que le Bouddha marchait vers le lieu où il allait mourir, il fit une remarque à Ananda : « Comme est beau Jambudvipa [l'île aux arbres Jambu] ! » Le Bouddha faisait allusion aussi bien à l'Inde qu'au monde connu de l'époque. Dans la cosmologie bouddhiste selon l'Abhidharma, qui doit beaucoup aux mythes indiens anciens, Jambudvipa est le continent humain, l'un des quatre qui entourent le mont Méru, l'axe cosmique. L'univers *(loka)*, dès la tradition Hinayana, comprend trois sphères d'existence.

La première est le monde des sens *(kamaloka)*, qui comprend les sphères suivantes par ordre descendant : six cieux divins inférieurs, le monde des antidieux ou titans, le monde humain, le monde animal, le monde des fantômes affamés et les enfers. Dans les cieux inférieurs tels que Tushita (paradis du plaisir) et Tavatimsa (paradis des trente-trois dieux), demeurent Indra et les autres dieux hindous. Les Titans *(asura)* sont des êtres semi-divins qui sont en perpétuel conflit avec les dieux à propos

LES ENFERS BOUDDHISTES

« Ce sol de fer brûlant, qui l'a fabriqué ? D'où viennent ces brasiers ? Comme l'a dit le Bouddha, tous ces phénomènes proviennent de l'esprit négatif. » *(Bodhicaryavatara)*.

Comme les autres mondes, l'enfer est un produit de nos perceptions erronées, forgées par nos habitudes karmiques. Mais le Hinayana comme le Mahayana donnent des descriptions vivantes et détaillées des enfers : dans les profondeurs de la terre, Yama, roi des enfers, juge les consciences selon leurs actes passés. La notion de responsabilité personnelle est centrale. « Ce sont vos propres mauvaises actions, dit Yama, et non celles de vos parents ou amis. Vous seul les avez accomplies, vous seul en récolterez le fruit. » La rétribution du mauvais *karma* personnel est illustrée par les descriptions de tourments qui durent jusqu'à l'épuisement du dernier résidu karmique.

Les textes tibétains énumèrent seize enfers, chauds et froids. Avici (tourments sans fin) est réservé aux corrupteurs du *dharma* ou du *sangha*. Les avares errent dans la sphère au-dessus des enfers en tant que fantômes affamés *(preta)* qui ont une bouche avide mais minuscule, incapable de prendre la nourriture.

Cette roue du Devenir tibétaine du XXe siècle montre les enfers parmi les six « destinées » de renaissance.

de « l'arbre des souhaits » situé à au-dessus du mont Méru.

La seconde sphère est le monde de la forme pure *(rupaloka)* des dieux plus élevés.

La troisième est le monde sans forme *(arupaloka)* des dieux des sphères de l'espace et de la conscience sans limites. Ceux qui ont fait l'expérience du néant, de l'espace et de la conscience illimités par une méditation de concentration peuvent y renaître, mais ce n'est que la cime du *samsara*.

Il y a donc six voies de renaissance possibles, réparties en trois sphères. Aucune n'est préférable au *nirvana* libérateur. Dans l'ordre décroissant, il y a les royaumes des dieux, des titans, des hommes, des bêtes, des fantômes affamés et des enfers.

Dans un tout autre domaine, le Vajrayana ou « Véhicule du Diamant », développement du Mahayana qui a le plus marqué le bouddhisme tibétain, mentionne des Terres pures au-delà du *samsara*. Au plus haut demeure l'Adi Bouddha (Bouddha primordial).

De sa méditation jaillissent cinq dhyani-bouddhas conquérants *(Jinas)* liés aux quatre directions cardinales, le Bouddha Vairocana étant au centre.

On y trouve également les *bodhisattvas* tel qu'Avalokiteshvara, Manjushri et Vajrapani, émanations de bouddhas.

Le bouddhisme tantrique

Le bouddhisme tantrique s'est développé en Inde mais le Tibet l'a adopté avec les autres formes de bouddhisme qui ont franchi l'Himalaya. Ainsi, bien qu'enraciné dans le bouddhisme indien, le Tantra a une position centrale dans le *dharma* riche et éclectique du Tibet et des régions himalayennes. La connaissance des doctrines et des pratiques tantriques est essentielle à la compréhension du bouddhisme tibétain.

Forme mystique du bouddhisme, le Tantra, qui a son parallèle dans l'hindouisme, émergea en Inde vers 500 ap. J.-C., près de mille ans après la mort du Bouddha. Mais il présente cependant une cohérence parfaite avec le message de compassion du Bouddha tel qu'il est délivré dans le Mahayana. Pendant mille ans, le bouddhisme et l'hindouisme se développèrent côte à côte. L'hindouisme assimila souvent des idées bouddhistes et il en alla parfois de même dans l'autre sens. Mais dans le bouddhisme Mahayana (voir p. 60-63), même si les idées de déités et de cieux ressemblent à celles de l'hindouisme, elles s'en distinguent parce que passées au crible de la vacuité. Même en ajoutant au système Mahayana dévotionnel des éléments magico-religieux populaires, tels que les esprits, les formules ou mantras et une cosmologie, le Tantra ne s'est jamais écarté de la doctrine bouddhiste. Dans le Tantra, l'image de déités masculines et féminines en union sexuelle est un symbole. Dans le système hindou, les dieux ont tous une contrepartie féminine. Ainsi Shiva, seigneur du yoga et son épouse Parvati, centraux dans le Tantra hindou. Mais en d'autres manifestations, Parvati devient la guerrière Durga ou la noire Kali, tantôt maternelle tantôt destructrice.

Kali subjuguant son époux Shiva. Dans le Tantra bouddhiste existent aussi des déités « terribles », mais loin d'être destructrices, elles sont l'expression de la compassion en action. Peinture indienne du XVIIIe siècle.

Shiva et son épouse Parvati, figures importantes du Tantra hindou. Grottes d'Elephanta, Bombay.

Ces couples symbolisent l'union génératrice de vie, biologique et spirituelle, mais aussi l'union d'un dieu masculin lointain et transcendant avec une partenaire féminine active et

accessible, la *shakti* (pouvoir, énergie) en déploiement dans le monde.

Dans le Tantra bouddhiste, les rôles sont tout autres. Les déités y sont des archétypes de la bouddhéité et non des dieux, et tandis que les déités masculines symbolisent les moyens habiles actifs, leur partenaire féminine représente, quant à elle, la vacuité, l'espace de la sagesse où les moyens habiles prennent leur essor.

Leur union symbolise par ailleurs l'union des apparences et de la vacuité et leur félicité est non duelle.

Dans le Tantra issu du Mahayana, *samsara* et *nirvana* sont ultimement une seule et même chose. Les apparences sont la manifestation de la sagesse et non leur opposé. Une fois notre vision impure de l'existence transformée, tout devient l'expression de l'Éveil.

Il faut donc voir dans le Tantrisme bouddhiste un système distinct du Tantrisme hindou plutôt que dérivé de celui-ci.

LES MAHASIDDHAS

La tradition des Mahasiddhas ou « grands accomplis » est centrale dans le tantrisme bouddhiste. Alors que le bouddhisme érudit s'épanouissait dans les grandes universités du nord de l'Inde comme Nalanda, la tradition tantrique apparut au Bengale et au Cachemire sous l'inspiration de yogis au-delà des conventions. Rejetant l'intellectualisme scolastique, ces maîtres tantriques prônaient l'expérience directe et non duelle des enseignements par de puissantes techniques méditatives. Beaucoup des 84 Mahasiddhas gagnèrent leur accomplissement *(siddhi)* dans les activités les plus inattendues : Kamaripa s'éveilla en exerçant son métier de forgeron ; Kukuripa vivait entouré de chiennes ; Shalipa, terrifié par les loups, vint à bout de sa peur en méditant que tous les sons étaient identiques aux hurlements des loups. Le plus célèbre d'entre eux est Saraha, l'auteur des *Trois cycles de Dohas*, poèmes non dualistes. Parmi les Mahasiddhas, Tilopa et Naropa sont à l'origine de l'école tibétaine Kagyüpa et Virupa de celle des Sakyapa.

Sculpture érotique d'un temple hindou à Khajuraho, Madhya Pradesh. Pour l'hindouisme, les amants sont des opposés convergeant dans l'unité sublime.

Les idées tantriques qui se manifestèrent d'abord dans le *dharma* indien puis dans celui du Tibet ne furent pas introduites par les monastères orthodoxes. Comme son cousin hindouiste, le Tantra bouddhiste était transmis par des pratiquants en dehors du courant principal monastique. Ces reclus et laïcs, retirés de la société conventionnelle, avaient trouvé le pouvoir capable de les transformer en bouddhas.

L'Adi Bouddha (Bouddha primordial) uni à sa youm *(épouse mystique). Bronze tibétain du* XVIII*e siècle.*

Le Tantra est un système non duel qui réconcilie les opposés. En lui-même, il embrasse des éléments apparemment contradictoires. Il comprend par exemple des rituels, des formules et l'utilisation de croyances qui appartiennent ordinairement à la religion populaire, mais aussi un corpus de textes doctrinaux rigoureux appelés *Tantras*. Ces traités, apparemment écrits en sanscrit clair, étaient codés afin de n'être intelligibles qu'aux disciples d'un maître tantrique. Alors que les *Sutras* exposaient la doctrine, que le *Vinaya* et l'*Abhidharma* traitaient de la discipline et des théories de la connaissance, beaucoup de *Tantras* exposaient en détail les *mantras* (formules mystiques), les *mudras* (gestes rituels), les *mandalas* (diagrammes symboliques) et les rituels qui permettent aux adeptes de devenir des *siddhas* (accomplis).

Tandis que les pratiquants monastiques acceptaient de peiner tout au long de nombreuses vies avant d'atteindre le *nirvana*, les adeptes tantriques pensaient qu'à travers les transmissions de pouvoir et les rituels, ils pouvaient se transformer radicalement et atteindre l'Éveil très rapidement.

De telles vues furent adoptées par les pratiquants tibétains des Tantras.

LES MANTRAS

Chanter et répéter des syllabes magiques afin de conjurer le pouvoir a toujours été dans le répertoire des anciennes sociétés. Les chasseurs tribaux chantaient des chants magiques pour guérir, changer le temps, amener les animaux vers eux. Les cérémonies hindoues étaient accompagnées de récitations de *mantras* (formules verbales favorables) extraites des *Vedas*. Une théorie soutient que l'univers entier est composé de sons, et que *Om*, le plus grand des *mantras*, évoque la totalité du réel et amène l'adepte à faire l'expérience du divin.

Les bouddhistes tantriques ont adopté l'usage des *mantras*, qui incarnent l'énergie des bouddhas en sons. L'un des plus célèbre, *Om mani padme hum*, qui signifie littéralement « Om, joyau dans le lotus, hum ! » a plusieurs interprétations. Formule d'Avalokiteshvara, le *bodhisattva* de la compassion, « les six syllabes » symbolisent les six perfections d'un *bodhisattva* (voir p. 62). Elles purifient les six royaumes de renaissance dans le *samsara*. Le joyau et le lotus symbolisent aussi l'union des bouddhas masculins (compassion) et féminins (sagesse). Tandis que *mani* (joyau) et *padme* (dans le lotus) sont des mots sanscrits en relation grammaticale, *Om* et *hum* sont des syllabes au sens intraduisible.

La Terre pure de la Tara verte. Tara est dite être née d'une larme du bodhisattva *Avalokiteshvara. Son symbole est le lotus bleu. Tara est la compassion active de tous les bouddhas. Thanka (gouache) tibétaine.*

L'ÉPOUSE SECRÈTE

Bouddhas et *bodhisattvas* du Mahayana sont parfois représentés dans les Tantras supérieurs avec une épouse spirituelle *(youm)*. Tara, aspect de sagesse du bouddha Amoghasiddhi, symbolise l'activité compatissante. À ce titre, elle est invoquée pour intercéder dans les affaires humaines. Il existe 21 aspects de Tara (la Libératrice), invoqués pour différentes activités. L'union d'une déité masculine avec une déité féminine est appelée *yabyoum*. Elle symbolise l'union indivisible de la vacuité et des apparences, déjà proclamée dans les *prajnaparamitas*. À un autre niveau, elle exprime l'inséparabilité des moyens habiles (techniques tantriques) et de la sagesse. Le Tantra bouddhiste proclame que dans la réalité ultime, les phénomènes du *samsara* et du *nirvana* sont d'une égale pureté (symbolisé par l'étreinte tantrique). Mais pour parvenir à une telle réalisation, le pratiquant doit suivre une discipline stricte sans jamais s'écarter des préceptes de son maître.
Le respect de ce « lien sacré » *(samaya)* garantit le succès de méthodes qui, sans cela, exposent à de graves méprises.

Le Vajrayana

Le bouddhisme du Tibet, ou Vajrayana, est souvent décrit comme le « *dharma* complet » parce qu'il intègre les doctrines du Hinayana et du Mahayana et embrasse aussi le Tantra du Nord de l'Inde. L'entraînement Vajrayana, qui implique l'étude du Hinayana, du Mahayana comme celle des Tantras bouddhistes, est également « complet ». L'éducation d'un moine Vajrayana, qui inclut l'entièreté de la philosophie et de l'épistémologie bouddhistes, est exceptionnellement longue et exhaustive. Ceux qui atteignent le niveau d'un maître de Vajra ou le rang académique de *guéshé* ou *rabjampa* (érudit infini) devront souvent avoir achevé plus de vingt ans d'études après les douze ans qui précèdent l'ordination.

La vaste érudition de tels lamas les hausse à des positions d'abbé monastique ou, dans l'école Guélougpa des dalaï-lamas, à des positions de doyen au Potala. Mais ces honneurs sont extérieurs. L'érudition est valorisée pour son contenu spirituel et dans l'optique de transmettre la doctrine aux étudiants. Comme dans la tradition hindoue des Upanishad, la tradition tibétaine insiste sur l'extrême importance de la transmission personnelle de maître (*rinpoché*, « très précieux ») à disciple. Une grande partie de la connaissance tantrique ne peut seulement être communiquée qu'aux étudiants qui ont reçu une transmission de pouvoir ou initiation. Ce matériel secret comprend les *mantras*, les *mudras* et les *mandalas* choisis par le maître en fonction des besoins et du caractère particulier de l'initié. D'une importance également vitale, le choix fait par le maître d'une déité tutélaire *(yidam)* pour son étudiant. Celle-ci sera un aspect d'un bouddha, d'un *bodhisattva* ou d'une autre forme de déité tantrique qui aidera l'étudiant à intégrer ses énergies et à les amener jusqu'à l'Éveil.

À part ces spécialités tantriques complexes, les adeptes tibétains pour-

Ce magnifique mandala *tibétain montre la déité Hevajra à seize bras, enlaçant sa parèdre Nairatmya.*

LE SYMBOLE DU *VAJRA*

Dans l'iconographie hindoue, le *vajra* était le foudre adamantin ou « dur comme le diamant » avec lequel Indra, le roi des dieux védiques, faisait la guerre aux Titans. Transposée, l'image hindoue d'une arme victorieuse et indestructible, devient dans le Tantra bouddhiste un symbole de la réalité ultime. Comme la roue bouddhiste, le *vajra* dans sa forme de sceptre a une connotation royale. Mais c'est sa nature immuable et indestructible, l'association de solidité et d'espace interne qui intéresse les bouddhistes. Le *vajra* est aussi un symbole masculin des « moyens habiles » compatissants utilisés dans la quête du *nirvana*. Accompagnant le *vajra* dans les rituels, la cloche symbolise la « connaissance suprême » féminine *(Prajnaparamita)*. Comme de nombreux symboles tantriques, le masculin et le féminin forment une dualité harmonisée, une en essence.

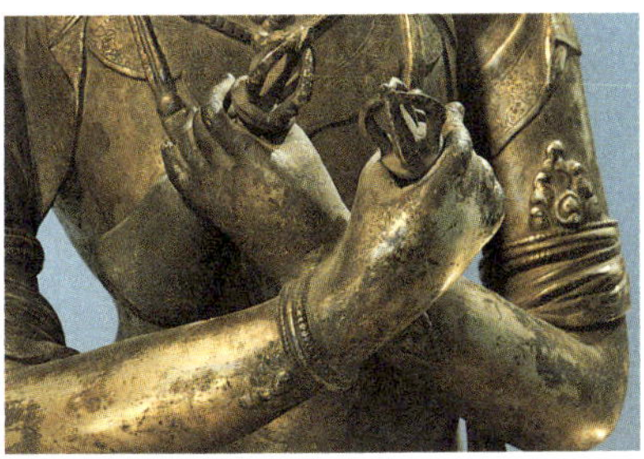

Le bouddha Vajradhara croisant vajra *et cloche, statue du* XVIIe *siècle*

LE TANTRA D'HEVAJRA

Le *Hevajra Tantra*, grand texte du Vajrayana, explore la relation de la déité masculine Hevajra (joie du Vajra) avec sa partenaire féminine Nairatmya (non-soi). L'un des propos de ce texte est d'unifier la perception du *samsara* (cycle des renaissances) et celle du *nirvana* (Éveil). La divergence apparente entre ces deux domaines repose sur l'identification de la sagesse avec le *nirvana* et des « moyens habiles de la compassion » avec le *samsara*. Selon le *Hevajra*, seules les pratiques contenues dans le Tantra vont nourrir la vue qu'« entre *nirvana* et *samsara*, il n'y a pas la moindre ombre de différence... Cette essence qui est le Corps, la Parole et l'Esprit de tous les Bouddhas est indivisible et connue comme le *vajra*. »

Hevajra enlaçant sa partenaire sacrée dans l'attitude yab-youm *: la compassion « masculine » unie à la sagesse « féminine ».*

suivent leur entraînement spirituel selon les mêmes directives que les autres pratiquants bouddhistes. Ils prennent refuge dans le Triple Joyau, pratiquent la méditation du calme mental et de la vision profonde, contemplent les Quatre Vérités, la mort et analysent les trois caractères de l'existence (voir p. 28-29). Sur cette base solide et orthodoxe s'édifient les accomplissements ultérieurs du Tantra.

Les déités tantriques

Quand le maître tantrique Padmasambhava arriva au Tibet au VIIIe siècle, il se trouva face à la religion bön dont certains prêtres vénéraient des déités et des esprits exigeant parfois de sanglants sacrifices d'animaux. Plutôt qu'une confrontation de pouvoir entre bön et bouddhisme, Padmasambhava préféra la conciliation du *dharma* bouddhiste avec la religion populaire.

L'un des meilleurs exemples d'agrément entre bouddhisme et bön fut la négociation entre Padmasambhava et Péhar, la plus grande des déités nationales tibétaines. Selon la légende, en échange de sa renonciation aux sacrifices, Péhar accepta la charge de protéger le *dharma*. À la place du sang, le dieu accepta, comme offrande de substitut, l'égoïsme du peuple tibétain.

Cette spectaculaire fusion religieuse est typique du *dharma* tibétain. Beaucoup de déités et de démons prébouddhiques furent absorbés dans le Vajrayana ou tolérés aux côtés de la nouvelle religion.

Les déités terribles constituent un aspect important du Vajrayana. Le Tantra étant la voie de l'énergie transformatrice, les déités courroucées ont pour rôle de transmuter toutes nos répulsions et peurs en sagesse. Les blocages névrotiques nécessitent l'emploi d'énergies plus puissantes que celle des déités paisibles. Telle est la fonction de ces expressions courroucées de la bouddhéité, les *herukas* qui ont parfois plus de douze bras et brandissent des symboles variés, tambourins, coupes crâniennes, tridents. Samvara est un tel *heruka*, l'aspect féroce du paisible dhyani-bouddha de l'Est (voir p. 133). Les *herukas* ont des épouses courroucées, des *dakinis*, représentées les cheveux défaits, avec trois yeux, en posture de danse. Padmasambhava reçut des *dakinis* les textes sur lesquels il fonda sa doctrine tantrique.

Le bodhisattva *Manjushri sur un siège de lotus, entouré de ses émanations. Après Avalokiteshvara, Manjushri est le* bodhisattva *le plus populaire du Mahayana. Souvent dépeint avec une épée dissipant les ténèbres, il montre aussi le texte de la* Prajnaparamita *au-dessus de son épaule gauche. Peinture tibétaine du XVIIe siècle.*

Le féroce protecteur Mahakala. Plaque votive du Tibet, XVIIIe siècle.

Les doux *bodhisattvas* ont aussi des émanations terribles. L'aspect féroce de Manjushri, le *bodhisattva* de la Sagesse, est Yamantaka (« Conquérant de la Mort »), décrit avec « une énorme tête, les sourcils froncés, trois yeux cruels, une bouche béante ouverte sur les crocs et une langue enroulée ».

Un autre Tantra le décrit avec une tête de taureau, piétinant un taureau (la mort) et des démons. Les attributs terribles ont un sens : le troisième œil est celui de la sagesse, la coupe crânienne contient le « sang » de l'ego vaincu et le trident pourfend les trois poisons de l'esprit : l'ignorance, le désir-attachement et la colère, également figurée par des démons piétinés. Tout ici est symbole de transmutation et négativité en sagesse.

LA VISUALISATION DES DÉITÉS YIDAM

Tous les pratiquants du Vajrayana ont une déité tutélaire ou « lien sacré de l'esprit » *(Yidam)* choisie par le lama qui en a transmis l'initiation. La déité est choisie afin de correspondre au caractère individuel de l'étudiant. Chacun des cinq dhyani-bouddhas a son propre *yidam* courroucé correspondant, et chaque *yidam* représente l'aspect de sagesse pure d'une passion négative comme la colère ou la haine transmutée. L'initié reçoit un *mantra* associé à la déité. En répétant ce *mantra* à l'aide d'un rosaire, l'étudiant apprend à visualiser clairement sa déité. Si la déité correspond à une faiblesse spéciale du pratiquant, il peut, par la pratique, commencer à transformer cette passion en sagesse incarnée par le *yidam*. Tel est le pouvoir de transformation d'une déité telle que Yamantaka, qui permet d'acquérir promptement la sagesse du *bodhisattva* Manjushri. Au niveau le plus élevé, par le yoga et la méditation visualisatrice, le pratiquant finit par s'identifier à son *yidam*, qui est sa vraie nature éveillée. Une importante manifestation des bouddhas est Vajrasattva (l'Être de vajra), déité de purification. Une autre est Vajradhara (le Détenteur du vajra). Beaucoup de ces déités, paisibles ou terribles, sont aussi représentées enlaçant leur épouse secrète au centre de *mandalas*. Toutes sont des véhicules par lesquels le *siddha* (l'accompli) réalise l'Éveil par identification.

Yamantaka (l'Exécuteur de la mort), une émanation de Manjushri, enlaçant sa sagesse féminine. Statue tibétaine du XVIIIe siècle.

Vajradhara en union avec sa youm, *qui représente la sagesse suprême. Statue tibétaine du XVIIIe siècle.*

Mandalas et *yantras*

Les *mandalas* et les *yantras* sont extérieurement des diagrammes rituels utilisés dans le Vajrayana, chacun d'eux représentant un univers symbolique perçu selon la perspective sacrée d'une méditation. Nées en Inde, la théorie et les techniques liées à l'élaboration du *mandala* se sont transmises au Tibet par une lignée ininterrompue de maîtres et de disciples depuis le VIIIe siècle. De nos jours, les lamas enseignent comme ils l'ont toujours fait, et l'actuel dalaï-lama, parmi d'autres, maintient cette tradition d'enseignements.

Un *mandala* comporte un palais sacré au cœur duquel réside la déité, et la forme du *mandala* bouddhiste ressemble au modèle architectural des temples hindous. Pour accéder au sanctuaire où se trouvent les statues divines à adorer, les fidèles hindous suivent un parcours indirect dans le temple, à travers des cours aux différents emblèmes divins, pour finalement parvenir au sanctuaire du dieu principal, où ils contemplent enfin la présence divine *(darshana)* et s'y absorbent.

Mais si la forme du palais d'un *mandala* ressemble à cela, sa fonction est quelque peu différente. Au cours de l'initiation, l'entrée symbolique dans le *mandala* se fait par l'une des quatre portes situées dans les directions cardinales. Chaque direction est liée à une « famille de Bouddha » : Diamant *(vajra)* à l'est, Joyau *(ratna)* au sud, Lotus *(padma)* à l'ouest et Action *(karma)* au nord.

Chaque disciple visualise qu'il entre par la porte convenant à ses propres qualités ou défauts à transmuter. Ainsi, *vajra*, à l'est, est lié au tempérament colérique. Une fois dans la cour du palais, il peut être initié aux aspects extérieur, intérieur et secret de la déité, et le maître lui révèle qu'elle n'est autre que sa vraie nature éveillée.

Après l'initiation, le maître confère au disciple les instructions de la pratique *(sadhana)*. L'étudiant s'appli-

Centre d'un mandala *ancien présidé par Manjuvajra, un aspect tantrique à six bras du* bodhisattva *Manjushri, avec sa* Youm

Un Shri Yantra peint. Ce schéma hindou classique a influencé la symétrie de nombreux mandalas *tibétains. Rajasthan,* XVIII*e* *siècle.*

LA STRUCTURE DU MANDALA

Le tracé archétypal du *Yantra*, avec son palais carré à quatre portes marqué de cercles de pétales de lotus vers le centre, sert de modèle aux *mandalas* et diagrammes sacrés tibétains, qu'ils soient tracés avec des poudres colorées, gravés dans le bronze, le roc ou tracés sur le papier.

Au centre du *mandala* se trouve la déité principale, sur un siège de lotus. Autour d'elle se trouvent ses émanations, que l'on nomme « entourage ». Dans les corridors et les cours du palais divin abondent toutes sortes de déités secondaires formant sa suite, les déesses d'offrandes, etc. Aux portes du palais siègent les quatre gardiens des portes qui protègent le palais des négativités. Chaque quartier du palais a une couleur différente, correspondant à un élément et à sa direction symbolique. Le plus souvent, le quartier oriental est blanc (eau), le sud est jaune (terre), l'ouest est rouge (feu) et le nord vert (air).

Le palais est doublement protégé à l'extérieur par un cercle de *vajras*, figurant l'enceinte sacrée indestructible, entouré d'un cercle de flammes aux couleurs des cinq sagesses.

quera alors à pratiquer le *sadhana* de la déité. Par une visualisation élaborée, il sera amené à faire l'expérience de sa vraie nature identique à la déité. Quand il se sera visualisé comme la déité, toute sa vision du monde sera transformée en vision pure, et c'est là la vraie signification du *mandala*. *Mandala* se dit en effet *kyilkhor* en tibétain. *Kyil* est le centre, c'est-à-dire la déité, *khor* est ce qui l'entoure, l'environnement perçu comme la palais de la déité. Le pratiquant purifie ainsi sa vision ordinaire ou « vision karmique » en vision pure, et transforme ses passions en la sagesse correspondante.

Le dalaï-lama trace les lignes directrices pour un mandala *de poudre colorée destiné à un rituel Vajrayana. Ces* mandalas, *créés dans l'esprit du non-attachement, sont rituellement détruits une fois utilisés.*

Le terme *mandala* est utilisé dans plusieurs contextes et rituels. À un niveau simple, le schéma du *mandala*, marqué de syllabes mystiques, *mantras* et *dharanis*, est utilisé comme talisman protecteur par les bouddhistes tibétains. Consacrés et portés sur le corps dans un petit reliquaire ou une amulette, ces charmes variés apportent chance ou santé, ou bien défendent contre les infortunes naturelles ou surnaturelles. Mis sur le cœur d'un mourant, ils l'aident à se libérer dans l'après-mort.

Un autre genre de *mandala* est celui que l'on offre rituellement à l'occasion des initiations ou des préliminaires tantriques : en écho à la donation trois fois répétée de l'Inde au *sangha* par l'empereur Ashoka, les pratiquants offrent symboliquement l'univers entier aux bouddhas sous la forme d'un *mandala*. Sur un plateau circulaire, l'officiant dépose de petits tas d'offrandes, riz, pierres précieuses ou poudre d'or, en énumérant les trente-sept points de la description symbolique de l'univers : le mont Méru, les quatre continents, les possessions d'un roi universel, etc., et offre le tout aux bouddhas visualisés devant lui. Cette offrande est la pratique du don et une accumulation de mérites.

Le schéma du *mandala* fut aussi utilisé dès les origines du bouddhisme tibétain à une tout autre échelle. Quand le roi Trisongdetsen voulut faire édifier le monastère de Samyé au sud-est de Lhassa au VIIIe siècle (voir p. 127), les déités locales se déchaînèrent, dit-on,

Un mandala *de la Chine des T'ang (IXe siècle), montrant les cinq dhyani-bouddha avec Vairocana au centre. Encre sur papier.*

LES MANDALAS DANS L'ARCHITECTURE

Le modèle des *yantras* et des *mandalas* est issu de la conception mythique indienne de l'univers. En son centre se trouve le mont Méru, l'axe cosmique, entouré de chaînes concentriques de montagnes et des quatre continents (voir p. 132-133). Beaucoup d'architectures hindoues et bouddhistes reproduisent cette forme du modèle cosmique.

Comme les monastères tibétains, les grands reliquaires bouddhistes indiens *(stupas)* étaient également construits selon ce schéma du *mandala* cosmique. Il en va de même des *stupas* tibétains *(tchörten)*, dont la flèche est l'axe cosmique. En outre, ils symbolisent les cinq éléments : la terre (base carrée), l'eau (sorte de dôme), le feu (flèche conique), l'air (croissant) et l'Espace (pointe sommitale). Le Bouddha lui-même suggéra le lien entre le domaine humain et l'universel : « Un *stupa* est honoré par les Éveillés, leurs disciples et par les monarques universels *(cakravartins)*. »

Tout monument protégeant de saintes reliques devient automatiquement un axe du monde symbolique. Comme les fidèles hindous, les pèlerins bouddhistes tournent autour des *stupas* dans le sens des aiguilles d'une montre. Où qu'il se situe, un *stupa* est, par sa forme architecturale, un centre universel.

pour contrecarrer le projet. Afin de les subjuguer et de créer un espace sacré, Padmasambhava traça sur le sol un *mandala* des cinq dhyani-bouddhas. Sur cette base, on édifia le monastère, lui-même sous la forme d'un *mandala* circulaire.

Les monastères de Lhassa furent également bâtis sur ce modèle. Au centre figure la colline rouge, avec le palais royal, qui devint plus tard le Potala des dalaï-lamas. Aux coins d'un carré abstrait qui s'étend à travers la capitale, trois autres monastères furent bâtis. Le plus vieux et le plus sacré d'entre eux est le Jokhang, construit « sur le cœur d'une démone couchée sur le dos ». Cette démone représente les forces spirituelles hostiles du Tibet pré-bouddhique. Les monastères et les *stupas* bâtis sur ses membres la clouent au sol, l'empêchant de nuire au *dharma*.

Les symboles du *mandala*

Le Tantra est la voie de la transformation, et les éléments du *mandala* symbolisent le renversement du *samsara* en *nirvana*. Le *samsara* n'est que le fruit de l'ignorance. Par ignorance, les êtres sensibles créent la dualité entre un monde « extérieur » et leur « moi », et entrent en contact avec ce monde par trois biais : l'ignorance, le désir et l'agression. Puis quantité de passions secondaires les poussent à agir égoïstement. Leurs actes créent ainsi du *karma*. Chaque acte est une cause qui produit un effet de même nature et laisse dans la conscience une empreinte qui va rejoindre d'innombrables autres empreintes d'actes passés. Ces traces karmiques conditionnent leur perception du monde en leur voilant la réalité.

Par la pratique, notre perception karmique impure est purifiée et transformée en vision de la réalité telle quelle *(tathata)*. Cette transformation est possible parce que ultimement, la vision grossière des êtres sensibles *(samsara)* et la vision pure des bouddhas *(nirvana)* sont de même nature.

Le pratiquant s'applique à la visualisation de déités dans un environnement pur, le *mandala*. Dans les Tantras « supérieurs », il se visualise lui-même comme la déité avec tous ses attributs divins et perçoit son environnement transformé en un palais divin. C'est le niveau du *mandala* extérieur. Puis il considère dans son corps le *mandala* intérieur, formé de canaux subtils *(nadi)* et de roues *(cakras)* où circulent les souffles internes *(prana)* et les énergies *(bindu)*. Par les yogas, il transmute son corps ordinaire en corps de vajra. Du point de vue tantrique, ses cinq agrégats (*skandhas*, voir p. 28-29) sont les cinq dhyani-bouddhas (voir tableau ci-contre), ses cinq éléments sont les cinq *Youm* des Dhyani-Bouddhas. À l'intérieur de son corps se déploie le *mandala* des déités. Un troisième niveau de *mandala* est le *mandala* secret de l'esprit. Les cinq passions (stupidité, colère, désir, orgueil et jalousie) ne sont autres que les Cinq Sagesses en potentiel.

Thanka *(peinture sur toile encadrée de brocard) tibétaine de la fin du XIXe siècle - début du XXe siècle, montrant Avalokiteshvara entouré de* bodhisattvas *et surmonté de lamas Guélougpa.*

Les cinq dhyani-bouddhas avec leurs couleurs symboliques. Peinture du XXe siècle dans un style tibétanisant.

LE LIVRE DES MORTS TIBÉTAIN

Le *Livre des morts tibétain*, dont le vrai titre est *bardo thödröl*, « libération par l'écoute dans le bardo », est un texte trésor *(terma)* caché par Padmasambhava, et révélé au XIVe siècle par un *tertön*, un découvreur de trésors spirituels. Un bardo est un intervalle de temps vécu comme une réalité à part entière, entre deux ruptures. Par exemple, le rêve est un bardo : il paraît réel entre le moment où il s'élève du sommeil profond et celui où il disparaît au réveil. La vie elle-même est un bardo qui dure de la conception à la mort.

Il y a six bardos, dont trois concernent la mort. Lors du bardo « du moment de la mort », le mourant perçoit la dissolution de ses éléments corporels, puis de toutes ses pensées. Il peut un instant contempler la nature de son esprit, la « claire lumière », et s'il reconnaît en elle sa vraie nature éveillée, il se libère. Sinon, le bardo de la réalité *(dharmata)* se lève. Les déités paisibles et courroucées se déploient dans l'espace, lumineuses et colorées. Elles ne sont autres que les énergies internes du défunt libérées de la prison du corps. S'ils les reconnaît pour telles et s'absorbe en elles, il se libère. Hélas, s'il n'a pas pratiqué assidûment durant sa vie, cette occasion lui échappe et la scène bascule sur le troisième bardo, celui « du devenir ». Doté d'un corps mental, l'esprit très sensible, ballotté par les hallucinations causées par son *karma* passé, le défunt erre à la recherche d'un abri qui ne sera autre que la matrice de sa renaissance. Un lama peut là encore aider le défunt à renaître dans une Terre pure. Cependant, la meilleure garantie d'une libération lors de la mort reste la qualité de la pratique effectuée pendant la vie.

Bouddha	**Couleur**	***Skandha***	**Passion**
Vairocana	Blanc	Forme	Ignorance
Akshobhya	Bleu	Perception	Colère
Ratnasambhava	Jaune	Sensation	Orgueil
Amitabha	Rouge	Conscience	Avidité
Amoghasiddhi	Vert	Formations karmiques	Jalousie

L'arrivée du bouddhisme en Occident

Le Vénitien Marco Polo fut le premier Européen à mentionner le bouddhisme. Il vit des moines « faiseurs de miracles » à la cour de Koubilaï khan au XIIIe siècle. Un long silence s'ensuivit. Puis, au milieu du XIXe siècle, des manuscrits Mahayana du Tibet et du Népal parvinrent à Londres et à Paris, tandis que le canon Theravada arrivait en Europe, en provenance de Sri Lanka et de Birmanie.

Au premier intérêt linguistique et historique pour le bouddhisme s'ajouta bientôt celui pour le *dharma* (doctrine). Nourrie par des organisations telles que la *London Buddhist Society* et par la visite de maîtres orientaux, une pratique bouddhiste commença à s'implanter à petite échelle en Europe et en Amérique du Nord à la fin des années trente. Les années soixante furent à la fois un moment d'avancée et de confusion. Alors que beaucoup de chercheurs s'égaraient dans des spiritualités marginales, d'autres, qui adoptaient les vues bouddhistes, restaient un temps en Asie avant de revenir en Occident pour joindre des communautés. Depuis 1970, ces centres ont grandi en taille et en nombre. La présence de maîtres orientaux en Occident, rendue possible par l'après-guerre et les voyages intercontinentaux, demeure vitale.

Un moine méditant au monastère de Chithurst, en Angleterre. Le sangha *affirme que la vie monastique est loin du retrait du monde. Outre la pratique de la méditation* Vipassana *(vision profonde) et la discipline Theravada authentique, ces moines et ces nonnes participent à l'enseignement et à la protection de l'environnement.*

Les premiers linguistes européens

L'Europe découvrit le bouddhisme avec l'étude du sanscrit et du tibétain par les voyageurs et les administrateurs coloniaux qui travaillèrent en Inde et au Tibet au XVIIIe et XIXe siècles. Parmi les sanscritistes les plus éminent figurent l'Anglais sir William Jones qui fonda dans ses moments de liberté la Société asiatique du Bengale et publia *Asiatick Researches*, la première revue européenne consacrée aux études orientales. Warren Hastings, gouverneur général des Indes, encouragea Charles Wilkins à traduire la *Bhagavad Gita* hindoue (1783). Trois ans après, William Jones publia son étonnante comparaison entre le sanscrit, le grec et le latin, ainsi que la traduction des *Lois de Manu* hindoues. Il ne fallut pas beaucoup de temps pour que les Européens vouent aux textes orientaux un même degré d'attention érudite que celle qu'ils accordaient à leurs propres classiques. Avec les études sanscritistes apparut la passion de la collection des manuscrits. Une importante collection de textes bouddhistes fut réunie au Népal vers 1820 par Brian Hodgson. Il la répartit ensuite entre Londres, Oxford et Paris. Un Hongrois, Alexandre Csoma de Koros, passa plusieurs années à étudier les textes bouddhistes dans les monastères tibétains et rassembla lui aussi une collection de textes. Un grand orientaliste, Eugène Burnouf (1801-1852), s'attela à la tâche d'étudier les manuscrits sanscrits du fonds Hodgson envoyés à Paris. Érudit en sanscrit, en pali et en tibétain, il fut le premier occidental à apprécier l'étendue de la culture bouddhiste.

Médaillon gravé à la mémoire d'Eugène Burnouf, l'érudit orientaliste français

Sa plus grande contribution fut son *Introduction à l'histoire du bouddhisme indien* et sa traduction du *Sutra du lotus*, qui ouvrirent pour les érudits et les

ÉRUDITS ET MOINES EUROPÉENS

Beaucoup d'Européens devinrent des bouddhistes convaincus en même temps que des érudits. Un Allemand, Paul Dahlke, établit en 1922 un centre de méditation à Berlin-Frohnau, qui est encore aujourd'hui le siège de la Société germanique Dhammaduta.

L'un des pratiquants érudits les plus influents fut Anton Gueth, un violoniste qui entra dans un monastère de Sri Lanka en 1903, prenant le nom de Nyanatiloka (connaisseur des Trois Mondes). En 1911, il établit l'Island Hermitage, un lieu de retraite pour les moines à Sri Lanka et écrivit là quelques-uns des livres les plus influents sur le Theravada. Parmi ses disciples figurèrent d'éminents moines européens comme Nyanaponika et Nanamoli, qui contribuèrent au canon du bouddhisme moderne.

L'abbé cinghalais de Island Hermitage méditant sur des ossements humains. L'ermitage fut établi par Nyanatiloka près de Dodanduwa à Sri Lanka.

T. W. et Caroline Rhys Davids, cofondateurs de la Pali Text Society, *entourés d'amis dans un jardin anglais*

orientalistes amateurs la voie de l'étude du bouddhisme.

Au Collège de France, les étudiants d'Eugène Burnouf poursuivirent ses travaux d'édition et de traduction des textes bouddhistes, et à partir de 1880 de solides écoles philologiques se développèrent en France (école française d'Extrême-Orient, 1901), en Belgique (à Louvain), en Angleterre (Muller), en Allemagne, en Russie (Chtcherbatskoï) et au Danemark.

Des textes aisément lisibles furent bientôt disponibles grâce à la série *Sacred Books of the East*, en 51 volumes publiée par Max Muller, qui présente des traductions anglaises annotées des écrits hindous et bouddhistes. La *Pali Text Society* (PTS) fut fondée par Muller, Caroline et T. W. Rhys Davids, qui avait étudié le pali à Sri Lanka et ramené en Europe les manuscrits complets du *Tripitaka Pâli* en feuilles de palme. Pendant quarante ans, la PTS publia presque entièrement le canon pali et ce travail se poursuit encore de nos jours.

En France et en Belgique, Louis de la Vallée-Poussin, Étienne Lamotte (1901-1983) et Louis Finot traduisirent d'importants textes Mahayana dans la première moitié du XXe siècle.

L'orientalisme du XIXe siècle

Cette peinture du Bouddha par l'artiste français Odilon Redon (1840-1916) illustre l'influence des thèmes orientaux sur les artistes du XIXe siècle en Europe.

Très longtemps, l'intérêt des Européens pour les cultures orientales fut lié aux études bibliques. Avec le romantisme et son exigence de symboles absolus naquit un intérêt pour l'Orient dépassant les préoccupations judéo-chrétiennes. Un mouvement littéraire orientaliste apparut au XIXe siècle. Le critique littéraire Friedrich von Schlegel et le philosophe Arthur Schopenhauer embrassèrent avec enthousiasme les idées hindoues et bouddhistes. Comme les poètes romantiques, ces écrivains disposaient de quelques rares textes orientaux et non d'une expérience de première main. Mais tous deux avaient lu les traductions de textes religieux comme la *Bhagavad Gita* et les *Upanishad* et étaient familiers de l'érudition linguistique de la fin du XVIIIe siècle. « C'est en Orient que nous devons voir le plus haut romantisme » écrivait Schlegel en 1800, et, dans *Sur la langue et la sagesse des Indiens*, il dit : « Puissent les études indianistes trouver autant de disciples et de protecteurs que l'Allemagne et l'Italie en eurent pour les études grecques aux XVe et XVIe siècles. »

Le livre de Schopenhauer *Le Monde comme volonté et comme représentation* doit autant à la philosophie de Kant qu'à des notions mêlées d'hindouisme et de bouddhisme. La vie, soutenait le philosophe, est gouvernée par une force inconsciente et sans but décrite comme « volonté ». « Inconscients de leur soumission à la volonté inconnaissable, les hommes succombèrent à un réalisme atavique et illusoire qui les mena vers des buts inatteignables tels que le bonheur dans ce monde. On pouvait s'arracher à cette lutte inutile de la volonté par la contemplation de la musique et de l'art et la transcender ultimement par l'intuition mystique » (Batchelor, 1994).

Vers 1850, Schopenhauer lut les travaux de Burnouf (voir p. 150) et put ainsi rapprocher ses idées du bouddhisme. « Vous parviendrez au nirvana, là où vous ne trouverez désormais plus ces quatre choses : la naissance, la vieillesse, la maladie et la mort [...]. Jamais aucun mythe n'a été plus proche de la vérité ni ne le sera à l'avenir. » Dans une version tardive du *Monde comme volonté*, il déclarera que la suspension de la volonté pouvait en essence « être identique au nirvana des bouddhistes ».

UNE LITTÉRATURE INSPIRÉE DU BOUDDHISME

S'inspirant du *Lalitavistara*, un récit de la vie du Bouddha, sir Edwin Arnold, rédacteur au *Daily Telegraph*, composa un long poème narratif, *La Lumière de l'Asie* (1879). Cette œuvre suscita des vocations bouddhistes en Angleterre et en Amérique et contribua même au réveil du bouddhisme à Sri Lanka. Influencés par *La Lumière de l'Asie* et les travaux de Burnouf, des écrivains américains de la fin du siècle dernier tels qu'Emerson, Thoreau et surtout Walt Whitman (1818-1892) se tournèrent vers l'Inde mystique et le bouddhisme. En Allemagne, Hermann Hesse publia son roman indien *Siddharta*, et Carl Jung commenta dans sa psychologie des profondeurs les *mandalas* et des textes bouddhistes comme le *Livre des morts tibétain*. traduits par le lama Kazi Dawa Samdup sous la direction d'Evans-Wentz.

Sir Edwin Arnold (1832-1904), photographié en 1893

UN SYNCRÉTISME ENTRE ORIENT ET OCCIDENT

À la fin du XIXe siècle, le colonel H. S. Olcott (1832-1907), un Américain, fonda avec Helena Blavatsky un mouvement spiritualiste, la Société théosophique. Ils visitèrent Sri Lanka, mais bien que se réclamant du bouddhisme, leur doctrine et surtout celle de Blavatsky était un syncrétisme mêlant des éléments d'évolutionnisme, de bouddhisme, d'hindouisme et d'ésotérisme occidental. Malgré tout, H. S. Olcott, sincère et généreux, contribua au renouveau du bouddhisme à Sri Lanka et participa au Parlement mondial des religions (Chicago, 1893), aux côtés de bouddhistes asiatiques. La Société se développa en Angleterre, aux États-Unis, mais aussi en Inde et à Sri Lanka. Vers 1920, elle se chercha une figure messianique en la personne de Krishnamurti (1895-1986) mais celui-ci rejeta publiquement ce rôle en 1929, ce qui amena le déclin de la Société.

Le colonel H. S. Olcott, qui soutint l'établissement à Sri Lanka de trois collèges et de 250 écoles destinées à diffuser l'éducation bouddhiste.

Le bouddhisme en Amérique du Nord

À Chicago en 1893, suite à l'Exposition universelle, eut lieu le Parlement mondial des religions. Un moine de Sri Lanka, Dharmapala, y fit forte impression, ainsi que l'abbé Zen Soyen Shaku. Paul Carus, écrivain et éditeur influent, décida de publier des textes bouddhistes, en particulier sur le Zen, et écrivit lui-même en 1894 une anthologie bouddhiste, *L'Évangile du Bouddha*. Dharmapala revint à plusieurs reprises aux États-Unis sur l'invitation de Carus. Ce dernier invita également un disciple de Soyen Shaku, D. T. Suzuki (1870-1966), qui travailla plus de dix ans pour ses éditions. De retour au Japon en 1909, D. T. Suzuki revint souvent aux États-Unis enseigner à l'université de Colombia et publia à partir des années vingt un ensemble d'ouvrages sur le Zen en anglais, dont ses fameux *Essais sur le bouddhisme Zen* et une traduction du *Lankavatara Sutra*. À la même époque d'autres disciples de Soyen Shaku, Senzaki et Sokei-an fondèrent des centres Zen en Californie ainsi que la Buddhist Society of America à New York. Un autre érudit bouddhiste, Ananda Coomaraswamy (1877-1947), écrivit des ouvrages au département indien du Boston Museum.

Dans les années cinquante, des écrivains tels qu'Allan Watts et Allen Ginsberg, tous deux élèves de D. T. Suzuki, devinrent les chantres-philosophes de la Beat Generation en réaction contre le conformisme social des États-Unis. Les mystiques orientales et notamment le Zen (« beat Zen ») apparurent comme des alternatives à l'aliénation culturelle. Tout ce mouvement facilita la venue de maîtres orientaux. En 1958, Shunryu Suzuki-roshi (1905-1971), maître réputé du Zen Soto au Japon, fonda à San Francisco le Zen Center qui a depuis essaimé en sept centres, dont le Zen Mountain Center, premier monastère hors du Japon. Né à Osaka en 1928, Katagiri-roshi se rendit aux États-Unis en 1963 où il fut l'assistant de Shunryu Suzuki. Il est devenu le premier abbé du centre de méditation Zen du Minnesota.

CI-DESSUS *Shunryu Suzuki-roshi, fondateur du centre Zen de San Francisco*

À GAUCHE *Le dortoir au centre Zen de San Francisco*

LE BOUDDHISME TIBÉTAIN EN AMÉRIQUE DU NORD

Chögyam Trungpa Rinpoché fait figure de pionnier du bouddhisme tibétain en Occident. Né au Tibet en 1940, incarnation de l'abbé de Surmang, il acheva ses études religieuses avant de s'échapper du Tibet occupé en 1959. Après avoir fondé Samyé Ling en Écosse avec Akong Rinpoché, il s'établit en 1968 aux États-Unis, y créant des centres au Colorado, au Vermont et en Nouvelle-Écosse (Halifax, au Canada). Maître réputé, parfois controversé, il sut présenter un *dharma* adapté aux Occidentaux et attira de nombreux étudiants, dont Allen Ginsberg et John Giorno. En 1973, ses centres furent regroupés sous le nom Vajradhatu et l'année suivante, il créa l'institut Naropa, première université bouddhiste en Occident. Il mit sur pied l'apprentissage Shambhala, pour favoriser l'intégration du bouddhisme dans la culture occidentale. Après sa mort (1987), son fils Ösel Rangdröl a pris la direction de ses centres.

Un autre lama, Tarthang Tülkou, fonda le Nyingma Institute à Berkeley en 1968, et poursuit la publication de traductions de textes et de commentaires. D'autres, comme Chagdüd Tülkou et Sogyal Rinpoché ont fondé aux États-Unis des centres de solide réputation. Des universitaires américains bouddhistes ont publié de nombreux ouvrages, souvent en collaboration avec des lamas. Jeffrey Hopkins, qui étudia cinq ans au Lamaist Buddhist Monastery of America, est le traducteur du dalaï-lama et l'auteur de plusieurs ouvrages d'érudition. Robert Thurman, Herbert V. Guenther, John Reynolds et bien d'autres ont publié dans des maisons d'édition consacrées au bouddhisme comme Wisdom Publications, Shambhala et Snow Lion.

Seung Sahn, un maître Zen coréen, établit un centre important à Rhode Island vers 1960. Avec le temps, ces maîtres ont fondé des lignées Zen américaines bien vivantes, et les centres se sont multipliés. Depuis les années 1970, la visite fréquente d'éminents maîtres tibétains tels que le dalaï-lama, Kalou Rinpoché, le XVIe karmapa, Düdjom Rinpoché, suivie de la fondation de centres d'études et de méditation, permit l'essor du bouddhisme tibétain aux côtés du Zen. La tradition Theravada, notamment représentée par Joseph Goldstein, Jack Kornfied et l'Insight Meditation Center au Massachusetts, est d'implantation plus récente. Un moine de Sri Lanka, Henepola Gunaratana, établit des communautés à Washington D.C. et en Virginie. Les centres de méditation Vipassana sont de plus en plus nombreux.

De caractère non sectaire, la revue américaine Tricycle *publie de nombreuses informations sur le bouddhisme contemporain.*

La diffusion du bouddhisme en Europe

Bien que le bouddhisme ait atteint l'Occident au XIXe siècle, les communautés bouddhistes européennes sont relativement récentes. Le premier pays touché fut l'Angleterre, avec la création de l'English Buddhist Society en 1924. Son but était de « publier et faire connaître les principes du bouddhisme et encourager l'étude et la pratique de ces principes ». Christmas Humphreys encouragea la visite d'enseignants orientaux tels que D. T. Suzuki, et Edward Conze publia ses traductions des *prajnaparamita*. Depuis soixante-dix ans, la Buddhist Society a publié des livres, proposé des cours, des écoles d'été et des séminaires de méditation.

Alors que la vie bouddhiste en Asie émanait toujours du *sangha*, l'idée d'une communauté monastique européenne demeura impensable jusqu'à la fin des années soixante. Avec la révolution des consciences inspirée par le mouvement anticonformiste américain, tout devint possible. Beaucoup entreprirent le voyage en Asie, inspirés par les romans d'Hermann Hesse et l'exemple de la Beat Generation. Plus rares furent ceux qui, évitant drogues et faux gourous orientaux, s'appliquèrent à l'étude des langues asiatiques et aux pratiques transmises par des maîtres authentiques. De retour en Europe, ils invitèrent leurs maîtres à venir y enseigner. Des lamas tibétains exilés en Inde se rendirent en Europe pour y établir des centres d'étude et de méditation. Certains choisirent un pays d'élection comme Guéshé Rabten en Suisse. Namkhaï Norbu Rinpoché, professeur à l'université de Naples, enseigne le Dzogchen depuis vingt ans en Italie, à Merigar, en Toscane. À Pomaia, près de Pise, se trouve l'Istituto Lama Tzongkhapa, d'obédience Guélougpa. En Allemagne, le bouddhisme tibétain est bien représenté avec les centres Kamalashila (Kagyüpa) et les centres Rigpa (Nyingmapa). Ces derniers sont également présents en Angleterre, en France et en Hollande. Enfin, des Occidentaux formés en Asie fondèrent les premières communautés Theravada et Zen en Angleterre.

GRANDE-BRETAGNE : THERAVADA, ZEN ET F.W.B.O.

Le Theravada est bien implanté en Grande-Bretagne. Dès 1956, William Purfhust, devenu le vén. Kapilavaddho en Thaïlande, fonda l'English Sangha Trust pour établir un *sangha* sur le sol britannique. D'autres se joignirent à lui, comme Ananda Bodhi, un moine canadien. Il en résulta des groupes monastiques, puis la création de centres Vipassana.

Ajahn Sumedho, un Américain ordonné moine en Thaïlande dans les années soixante par le maître thaï Ajahn Chah, établit un petit monastère Theravada à Londres en 1977. L'année suivante, il partit pour Chithurst dans le Sussex. Puis il fonda le monastère Theravada Amaravati dans l'Hertforshire, destiné aux moines comme aux laïcs. Alliant discipline Theravada, amitié et humour, ce *sangha* a essaimé en Europe, en Amérique et en Australie. Enfin, sous la direction du maître birman Sayagyi U Ba Khin s'est développé un centre Vipassana dans le Wiltshire.

Le Zen est moins développé en Europe qu'aux États-Unis. En 1972, le révérend maître Jiyu-Kennett établit le Throssel Hole Priory dans le Northumberland, une communauté Zen Soto à la fois composée de laïcs et de moines. Le Zen Rinzai est plus influent au sein de la Buddhist Society.

Sangharakshita, un Anglais qui passa vingt ans en Inde, fonda en 1967 le Friends of the Western Buddhist Order (F.W.B.O.), devenu depuis un groupe Mahayana influent.

DES MAÎTRES DE PORTÉE INTERNATIONALE

Après l'annexion brutale du Tibet par la Chine populaire, de nombreux Tibétains exilés en Inde et au Népal, se regroupèrent autour du dalaï-lama. La conséquence la plus inattendue de la tragédie tibétaine fut la diffusion des enseignements bouddhistes tibétains dans le monde entier. Pour sauvegarder la transmission du bouddhisme Vajrayana, les *lamas* l'enseignèrent aux Occidentaux motivés venus les rencontrer en Asie. Puis, en réponse aux invitations lancées partout dans le monde, des maîtres éminents des quatre écoles se déplacèrent. Les Kagyüpa d'abord, avec Kalou Rinpoché qui commença à voyager dès 1971, bientôt suivit du XVIe karmapa, puis d'autres : les Nyingmapa avec Düdjom Rinpoché, Dilgo Khyentsé Rinpoché, Sogyal Rinpoché ; les Sakyapa avec Sakya Tridzin, les Guélougpa avec Lama Thoubten Yéshé, Guéshé Rabten. N'oublions pas, bien sûr, le rôle international du dalaï-lama, voyageur infatigable et apôtre de la tolérance, qui reçut le prix Nobel de la Paix en 1991. Les enseignements tibétains fleurissent à présent en Occident, en Asie, en Amérique du Sud, en Australie et dans les pays de l'Est.

Samyé Ling, fondé en 1967 en Écosse par Akong Rinpoché et Chögyam Trungpa Rinpoché, fut le premier centre de retraite européen. On y propose un programme d'enseignement complet incluant une retraite de trois ans. Y sont organisées aussi des formations pour ceux qui désirent apprendre le tibétain ou la peinture traditionnelle de *thankas* tibétaines.

Des étudiants du dharma *méditant et chantant dans la salle du temple à Samyé Ling*

Moines en retraite à Holy Island, cultivant leur jardin potager. Le travail pratique fait souvent partie du quotidien dans le bouddhisme tibétain.

Des résidents de Samyé Ling sont devenus des artistes habiles dans la tradition des peintures tibétaines ou thankas.

Le développement du bouddhisme en France

En France, le bouddhisme est longtemps resté un domaine de curiosité intellectuelle. Les travaux de l'École française d'Extrême-Orient ne touchèrent qu'un public restreint. Avant guerre, Suzanne Karpelès contribua à la renaissance du bouddhisme au Cambodge et au Laos, fit publier le *Tipitaka* en pali et en khmer et entra en 1929 dans la première association bouddhiste française, Les Amis du bouddhisme, qui organisa des conférences sur le Mahayana à la Sorbonne. Mais avec la guerre, l'association s'absorba dans la Société théoso-phique. Il fallut attendre la publication des livres d'Alexandra David-Neel, et le *Milarépa* de Jacques Bacot pour que le public français découvre le Tibet. Dans les années soixante, René Joly fonde le centre de Gretz, et Paul Arnold la Communauté bouddhique de France. Arnaud Desjardins tourne plusieurs films pour la télévision française sur les maîtres tibétains en exil comme le *Message des Tibétains* dont il tirera un livre.

En 1967 arrive à Paris Taishen Deshimaru, un maître Zen Soto dont l'approche directe et non conven-tionnelle va attirer nombre de disciples. Les dojos se multiplient en France et essaiment bientôt en Europe. Après la mort du maître survenue brusquement en 1982, l'Association Zen internatio-nale demeure une force spirituelle vive. Vers 1970, de nombreux Vietnamiens s'exilent en France et ouvrent des centres de tradition Mahayana comme la pagode de Joinville-le-Pont. Thich Nhat Hanh, un maître de renommée internationale pour son combat pour la paix, fonde une communauté de laïcs aux « Pruniers », à Meyrac. Il y enseigne la méditation Zen et l'intégration de la pratique dans la vie dans un style à la fois doux, souple et discipliné. Les lamas tibétains entrent en scène en

BOUDDHISME EN DORDOGNE

En Dordogne, près de Montignac, tout un ensemble de centres tibétains occupent la colline de Jors. Le XVIe Karmapa, le hiérarque Kagyüpa qui visita la France entre 1974 et 1978, fonda d'abord Dhakpo Kagyü Ling, qu'il plaça sous la direction de lama Guéndün Rinpoché, un grand pratiquant. À la même époque, Düdjom Rinpoché, chef spirituel des Nyingmapa, fonda lui aussi un centre tout proche de Dhakpo, Orgyen Samyé Chöling, puis s'installa tout près de là. Il y vécut de 1982 à 1986, jusqu'à sa mort.
Un autre grand maître Nyingmapa, Dilgo Khyentsé Rinpoché, créa un centre sur la même colline, à la Sonnerie. Des centres de retraites de trois ans furent édifiés dans les environs.
Des retraites d'été ont lieu dans les différents centres à l'occasion de la venue des maîtres, mais aussi de grands événements organisés en commun, tels que la venue et l'enseignement de Sa Sainteté le dalaï-lama en 1991, qui attira plusieurs milliers de personnes.

Le maître zen Taïsen Deshimaru

UNE GRANDE VOYAGEUSE

L'éveil de l'intérêt pour le bouddhisme tibétain en France doit beaucoup à une grande exploratrice. Née en 1868, Alexandra David-Neel est dès son plus jeune âge éprise de voyages. Elle étudie le bouddhisme, le sanscrit et le tibétain au collège de France et part pour Ceylan et l'Inde en 1890. Abhorrant la société coloniale et les castes hindoues, elle clame son attachement au bouddhisme, au pacifisme et à l'égalité sociale. Après une brève carrière de cantatrice, elle se marie à Tunis, mais elle délaissera bientôt son mari pour l'Extrême-Orient. En 1912, dans les Himalayas, elle obtient une entrevue avec le XIIIe Dalaï-lama en exil. Le dialogue s'achève sur une invitation à Lhassa. Pendant onze ans, la téméraire voyageuse essuiera expulsions par les Anglais, attaques de brigands tibétains, et mille autres aventures. Elle adopte un jeune lama tibétain, Yongden, qui la suivra partout désormais. C'est déguisée en pèlerin tibétain qu'elle atteint enfin Lhassa en 1924. À son retour, à Digne, elle compose les *Souvenirs d'une parisienne au Tibet*. En 1937, elle reprend la route : Sibérie, Mandchourie, et Chine en guerre qu'elle traverse à pied pour rejoindre le Tibet en 1939. Elle n'en reviendra qu'en 1946. Femme d'action et de caractère, pratiquante des yogas tibétains, cette grande dame fit connaître au public les aspects colorés du Tibet, bien avant que la tradition tibétaine ne devienne prépondérante en France. Elle s'éteignit à l'âge de 101 ans.

Alexandra David-Neel

1971, date où Kalou Rinpoché visita pour la première fois la France. Son rayonnement spirituel fut tel qu'en 1974, le château de Plaige en Bourgogne devint Kagyü Ling, le premier centre tibétain en France. Bien d'autres centres allaient éclore par la suite. Avec l'aide de Jean-Pierre Schneltzler, psychanalyste, Kalou Rinpoché fonda Karma Ling dans une chartreuse près de Chambéry. Ce centre, dirigé par un français, lama Denis Teundroup, propose, outre des retraites, des rencontres inter-religieuses avec les chrétiens. Toutes les écoles tibétaines sont représentées en France : les Kagyüpa, mais aussi les Nyingmapa (voir ci-contre) ; les Sakyapa, avec Phendé Rinpoché près d'Évreux en Normandie et les Gué-lougpa avec Dakpo Rinpoché dans la région parisienne et l'Institut Vajrayo-gini près de Toulouse, fondé par lama Thoubten Yéshé et lama Zöpa.

Maître Nyingmapa de renommée internationale, Sogyal Rinpoché, auteur du *Livre tibétain de la vie et de la mort*, a choisi la France pour y établir Lérab Ling, un grand centre de retraite près de Lodève qui accueille chaque été des retraites et des grands maîtres invités. À Paris, son centre Rigpa est devenu le centre international de son activité.

Annexes documentaires

Quelques sites bouddhiques

INDE

Bodhgaya (Bihar)
Avant sa mort, le Bouddha encouragea ses disciples à faire des pèlerinages en quatre lieux : Lumbini, où il naquit ; Uruvela (Bodhgaya) où il atteignit l'Éveil ; Sarnath où il fit son premier sermon et Kushinara où il mourut. Chacun de ces sites peut être visité de nos jours, mais Bodhgaya demeure le plus sacré de tous.

Après le déclin du bouddhisme indien au XIIe siècle, beaucoup de sites bouddhiques furent détruits ou tombèrent en ruine. En 1891, le Cinghalais Anagarika Dharmapala fonda la Mahabodhi Society, qui entreprit de restaurer Bodhgaya. Ce fut chose faite en 1949, et c'est aujourd'hui un centre affairé de pèlerinage et de méditation fréquenté par les Tibétains, les Birmans, les Thaï et les Vietnamiens.

Youmbou lhakhang, près de Tséthang, au Tibet, est la première résidence des rois tibétains et la plus ancienne construction de ce pays.

Les visiteurs y verront un arbre, rejeton du véritable arbre de la *bodhi*, le magnifique mais récent temple Mahabodhi (voir p. 25), le siège de pierre du Bouddha *(vajrasana)* et un musée bouddhiste.

Sarnath (Uttar Pradesh)
Le parc des Gazelles à Sarnath, juste au nord de Bénarès, est le lieu où le Bouddha prononça son premier sermon. Il contient quelques-uns des monuments bouddhistes les plus marquants de l'Inde. Le parc est dominé par le *stupa* Dhamekh (Ve siècle), l'un des deux *stupas* qui marquent l'endroit où prêcha le Bouddha. Les ruines de petits *stupas* et d'autels, de cinq monastères et la partie basse d'une colonne gravée d'Ashoka sont parmi les autres monuments exhumés au XIXe siècle. Le musée archéologique de Sarnath contient le fameux chapiteau au lion d'une colonne d'Ashoka (l'emblème de l'État indien moderne, voir p. 59), et beaucoup d'autres œuvres de pierre, y compris une sublime figure du Bouddha enseignant de la période Gupta (Ve siècle). Comme Bodhgaya, Sarnath accueille une communauté bouddhiste internationale bien vivante.

Sanchi (Madhya Pradesh)
Le grand *stupa* de Sanchi, avec ses quatre magnifiques portiques *(toranas)* est peut-être le plus fin et le plus complet des monuments bouddhistes indiens. L'immense *stupa* en brique date du IIIe siècle av. J.-C., mais ses portiques sculptés et ses enceintes furent probablement exécutés plus tard, durant la dynastie Satavahana. Sanchi fut exhumé au début du XIXe siècle et les archéologues britanniques et français commencèrent à restaurer le site en 1912. Les visiteurs d'aujourd'hui, comme les fidèles bouddhistes, peuvent tourner autour du *stupa* dans le sens des aiguilles d'une montre et contempler les sculptures foisonnantes des linteaux et des encadrements altiers.

Des contes *Jataka* (voir p. 22), des éléphants hiératiques et des lions royaux, des déités bouddhistes et hindoues et des nymphes exquises abondent sur les quatre *toranas*. Le petit musée archéologique montre des sculptures exhumées. D'autres pièces importantes de Sanchi se trouvent à Delhi, à Londres et à Los Angeles.

Ajanta (Maharashtra)
Les gorges sauvages en forme de croissant creusées de plus de vingt temples-grottes bouddhistes en font l'un des sites les plus spectaculaires de l'Inde. Une multitude d'arts sacrés médiévaux sont représentés, des salles monastiques aux sculptures élaborées aux sculptures et aux fresques murales, qui figurent parmi les gloires d'Ajanta. Dans des tons rouges, bleus et verts éclatants, ces peintures dans un style Gupta sont uniques dans la tradition bouddhiste indienne. Elles offrent une vision de la générosité Mahayana, un entremêlement de formes humaines et divines dans un déploiement chaud et vivant.

Padmapani (grotte 1), aspect du *bodhisattva* Avalokiteshvara portant un lotus, est sublime par sa grâce, sa compassion et sa sérénité. Des scènes des *Jatakas* ornent les murs de quelques monastères.

NÉPAL

Kapilavastu et Lumbini
Siddharta Gautama, le futur Bouddha, naquit à Lumbini, près de Kapilavastu, la capitale des Shakyas, dans l'actuelle région du Terai au sud du Népal (voir carte p. 34). Le pèlerin chinois Fa-Hsien, au Ve siècle, décrivit Kapilavastu comme « une vaste scène de désolation vide », occupée par quelques moines, une ou deux familles et des animaux sauvages tels que lions et éléphants blancs. Néanmoins, Fa-Hsien visita les sites célèbres, y compris le palais des Shakya, lieu où l'on découvrit les marques identifiant l'enfant-*bodhisattva*, et à l'est de la cité, le jardin de Lumbini où la future mère du Bouddha se baigna et lui donna naissance. Des tertres, des *stupas* et d'autres ruines attestent l'ancienne prospérité du bouddhisme. La tradition bouddhiste rapporte qu'Ashoka visita le Népal au IIIe siècle av. J.-C. et érigea un *stupa* et une colonne gravée à Lumbini. De récentes fouilles ont mis à jour des *stupas*, des bâtiments monastiques et la structure bien préservée d'une piscine. La colonne d'Ashoka, redécouverte en 1896 mais tronquée par la foudre, peut aussi être vue à Lumbini. Des monastères Theravada et Tibétains ont été construits dans les deux dernières décennies près de Lumbini, rétablissant le site dans sa fonction de centre dévotionnel, bien que géographiquement retiré.

Le stupa *Svayambhunath à Katmandou*

Svayambhunath et Bodhnath (Katmandou)
Il est dit que pour commémorer sa visite, l'empereur Ashoka construisit d'innombrables *stupas* au Népal. Deux exemples survivants, très restaurés, pourraient bien venir de cette période. Il s'agit des remarquables *stupas* de Svayambhunath et de Bodhnath à Katmandou. Tous deux partagent des traits architecturaux népalais. Au-dessus du dôme conventionnel, une flèche se dresse en treize segments symbolisant les treize cieux bouddhistes. Plus frappant encore, le tracé du carré de base *(harmika)* d'où jaillit

le premier segment : l'*harmika* est incrusté et sur chacune des quatre faces, un visage regarde avec d'immenses yeux de métal incrusté et d'ivoire. selon la théorie bouddhiste, c'est là le symbole du Bouddha omniscient qui voit toute chose. Les visiteurs seront frappés par la manière dont les yeux les suivent dans leur déplacement autour du *stupa*. Des monastères tibétains ont été bâtis tout autour du *stupa* de Bodhnath par les réfugiés tibétains de Katmandou.

SRI LANKA

Anuradhapura (centre-nord de Sri Lanka)
Anuradhapura est aujourd'hui un immense parc contenant les ruines du Grand Monastère (Mahavihara, voir p. 68) établi en 250 av. J.-C. aux abords de l'ancienne capitale cinghalaise. Un chemin de pèlerinage de 13 km relie Anuradhapura à Mihintale, où le moine missionnaire Mahinda prêcha pour la première fois et où un *stupa* exhumé peut être visité (voir p. 68). Dégagés au début de ce siècle de la végétation tropicale qui les envahissait depuis plus de mille ans, les *stupas*, les ruines de monastères, les sculptures, les réservoirs et un probable rejeton de l'arbre de la *bodhi* originel procurent un intense sentiment de ce qu'était l'ancien bouddhisme. Dominant le site, deux grands *stupas* ont des dômes « bulle » caractéristiques de l'architecture cinghalaise. Le Thuparama, bien que très restauré, est probablement le plus ancien monument de tout le sous-continent indien. Le Ruwanweli Dagaba, également très restauré, est couvert d'un revêtement de plâtre blanc qui distingue l'architecture des *stupas* cinghalais des styles indiens bien plus ornementés.

À Anuradhapura, on découvre une merveilleuse convergence du moderne et de l'ancien. Le jour de la pleine lune des mois de mai et juin, sont célébrées les fêtes du Wesak et du Poson, respectivement l'anniversaire de la naissance, de l'Éveil et du *parinirvana* du Bouddha, et celui de l'introduction du bouddhisme à Sri Lanka. Anuradhapura prend vie grâce à des centaines de milliers de fidèles. Pour le visiteur d'aujourd'hui, l'un des grands plaisirs consiste à faire le tour d'Anuradhapura en louant une bicyclette.

Polonnaruwa (nord-est de Sri Lanka)
Tandis qu'Anuradhapura évoque l'austérité du bouddhisme ancien cinghalais, le site plus tardif de Polonnaruwa, merveilleusement situé au-dessus du lac Topawewa, offre un aperçu incomparable de la sculpture et de l'architecture bouddhique médiévale. Ici, le visiteur peut contempler l'immense Bouddha couché en *parinirvana* et la figure d'Ananda taillée dans la roche, haute de 7,5 mètres, au-dessus de la tête du Maître (voir p. 32). Il y a aussi un colossal Bouddha en méditation (voir p. 27) et le célèbre portrait sculpté du sage roi Parakkramabahu surplombant le lac et contemplant un manuscrit.

Également éblouissants sont les monuments du début du XIIIe siècle situés dans le « Grand Quadrilatère », qui comprennent le *stupa* pyramidal classique de brique (Sat Mahal Pasada), la sculpture sur pierre du « temple de la relique dentaire » (à ne pas confondre avec le temple de la Dent à Kandy) et les colonnes à étagements de lotus ondulants du Nissanta Lata Mandapaya.

Alors qu'Anuradhapura fut abandonnée au VIIIe siècle, Polonnaruwa fut finalement conquise par les Tamouls au XVe siècle. L'art de Polonnaruwa représente l'épanouissement final de l'art bouddhique cinghalais, encore incomparablement conservé dans la jungle close.

THAÏLANDE

Bangkok et Ayutthaya
La partie la plus importante

Quelques-uns des stupas *les plus vieux et les mieux préservés en Thaïlande sont à Ayutthaya.*

de l'architecture thaïe médiévale fut ruinée par les guerres du Sud-Est asiatique, mais d'impressionnants temples bouddhistes du XIXe et du XXe siècle abondent en Thaïlande, et en de nombreux endroits, il y a de beaux sites archéologiques. À Bangkok, le temple Wat Phra Kaeo, construit par le roi Rama Ier (1782-1809) dans l'enclos de son Grand Palais, est un monument spectaculaire de la renaissance Theravada initiée au XIXe siècle. Ce temple est un centre de la vie religieuse thaïe, symbolisant le lien étroit entre le *sangha* (les moines) et l'État, et recèle le « Bouddha d'Émeraude », une statue d'importance nationale pour le peuple thaï.

La période Ayutthaya (XIVe-XVIIIe siècles) au sud de la Thaïlande inspira de nouvelles idées architecturales venues de Sri Lanka. Les monuments médiévaux les plus beaux et les mieux conservés sont dans le parc historique d'Ayutthaya, au nord de Bangkok. Très remarquables, les *stupas* avec les dômes en bourgeon spécifiquement thaïs et les tours des temples révèlent une influence du style khmer médiéval et aussi des tours *shikhara* du sud de l'Inde en « rayons de miel ».

CAMBODGE

Angkor Thom et le temple Bayon
Après une guerre atroce, le complexe de temples hindous d'Angkor Wat et celui, bouddhiste, d'Angkhor Thom, sont à nouveau accessibles. Angkor Thom fut créé par le « roi divin » khmer Jayavarman VII (1181-1219), qui se convertit au Mahayana après la destruction d'Angkor par les Cham (Vietnamiens) sous le règne de son père. Le bouddhisme de Jayavarman se démarque de la religion brahmanique que les rois khmers précédents avaient exploité pour se déifier. La déité centrale de la religion de Jayavarman était Lokeshvara, le « Seigneur des Mondes » (Avalokitesvara), et en reconstruisant Angkor Thom sur une échelle prodigieusement vaste, le roi créa une ville « bouddhiste », un monument à Lokeshvara, dont Jayavarman incarnait un aspect.

Cette convergence du roi et de la déité est encore visible sur les masques de Jayavarman sculptés sur les quatre faces des tours du temple Bayon d'Angkor Thom.

Comme Borobudur (voir p. 77) et beaucoup d'autres temples du Sud-Est asiatique, Angkor Thom fut modelé sur l'univers bouddhiste. Au centre d'un immense complexe de sanctuaires se trouve le temple Bayon avec son groupe de cinq tours, la plus haute d'entre elles représentant le mont Meru (voir p. 132-133), l'axe cosmique. La totalité d'Angkor était entouré de fossés de 90 m et sillonné par un judicieux système de canaux entrecroisés. Le motif aqueux symbolise l'océan cosmique et les quatre rivières sacrées du monde, mais servait aussi de système d'irrigation. Beaucoup de la magnificence d'Angkor Thom provient de la profusion d'une iconographie hybride hindo-bouddhique sculptée dans un style doux sur les portes et les terrasses de la montagne-temple de Jayavarman.

Une vue du temple Bayon du XIIIe siècle, Angkor Thom

TIBET

Lhassa

En dehors des périodes troublées, les voyageurs peuvent ordinairement entrer au Tibet par la Chine, Hong Kong ou le Népal, s'ils ont un visa pour la Chine. Les autorités chinoises maintiennent des zones « fermées », mais une grande partie du pays est accessible. Dans la cité sainte de Lhassa, le palais des dalaï-lamas, le Potala, comme beaucoup de monastères tibétains, est aujourd'hui musée d'État. À la différence d'innombrables sanctuaires et monastères détruits et profanés durant la Révolution culturelle, sa structure comme son contenu sont préservés. Symbole de la protection d'Avalokiteshvara, le Potala domine Lhassa, imposant, et recèle d'innombrables trésors du XVIIe siècle : peintures murales, *thankas*, *mandalas*, autels et la fameuse statue en bois de santal de Padmapani.

Le Jokhang, au sud du Potala, est le plus sacré de tous les sites de pèlerinage tibétains. Ayant survécu à la barbarie de la Révolution culturelle, le Jokhang aux célèbres toits incrustés d'or contient les « Quatre Déités rayonnantes de lumière », encore visibles dans leur sanctuaire. Le Jokhang demeure un temple vivant, visité par nombre de Tibétains, et de touristes.

CHINE

Les grottes de Young-kang (Shansi) et Loung-men (Honan)

Young-kang est un site bouddhique des plus remarquables par sa simplicité imposante, ses immenses bouddhas sculptés dans le roc, et pour les délicates parures de ses bas-reliefs narratifs. Un empereur de la première dynastie Wei (460 ap. J.-C.) initia le travail pour répondre aux persécutions des bouddhistes perpétrées pendant les vingt années précédentes. Dans les décennies suivantes, sur les falaises calcaires d'une rivière à Loung-men (Ve-VIe siècles), la sculpture monumentale de la dynastie Wei atteignit son apogée esthétique et spirituelle. Les bouddhas géants de Young-kang rappellent leurs modèles indiens, mais à Loung-men, les anciens motifs bouddhistes convergent avec ceux du Mahayana dans un style gracieux, serein et authentiquement chinois.

JAPON

Nara et Kyoto

Nara, la capitale impériale du VIIIe siècle, demeure l'un des grands centres de l'histoire bouddhiste de l'Est asiatique. Le parc historique de Nara et ses alentours recèlent des pagodes bouddhistes anciennes et des autels shintô, des jardins, l'important musée national de Nara et surtout le temple Todai-ji avec son immense statue du Bouddha en bronze.

La beauté du vieux Kyoto réside dans ses nombreux temples Zen de la période Heian et dans leurs fameux jardins, « jardins accidentés » avec cours d'eau, ou encore de pierre et de sable, notamment au Tenryu-ji et au Ryoan-ji. Le Zen est une tradition vivante et des étudiants occidentaux sont acceptés dans quelques temples à Kyoto et ailleurs.

Cinq grands maîtres modernes

VÉNÉRABLE THICH NHAT HANH (né en 1926)

Le vénérable Thich Nhat Hanh fut l'un des dirigeants du Mouvement pour la Paix vietnamien et le cofondateur de l'ordre Tiep Hien (« entre les êtres »), un groupe de moines engagés dans l'aide aux victimes de la guerre du Vietnam au risque de leur vie. Auteur de nombreux livres, membre de la Délégation bouddhiste pour la paix à Paris, il se révéla comme une figure internationale en 1966, en se rendant aux États-Unis pour « décrire l'agonie muette du peuple Vietnamien ».

Thich Nhat Hanh s'éleva contre toutes les oppressions et la course aux armements nucléaires, et son bouddhisme s'enracine dans une profonde pratique de l'attention.

« Notre vie quotidienne, dit-il, « notre manière de manger, de boire, de marcher, tout est en relation avec la situation mondiale. La méditation, c'est voir profondément dans les choses, voir comment nous pouvons changer et transformer la situation. » Thich Nhat Hanh vit en France où il enseigne dans sa communauté du « village des Pruniers ».

MAÎTRE TAISHEN DESHIMARU (1914-1982)

Né au Japon en 1914, disciple de maître Kodo Sawaki pendant trente ans, il reçut de lui l'essence de l'enseignement Zen Soto de Dogen avant de recevoir le *shiho* des mains de maître Yamada, chef spirituel du Eihei-ji. Arrivé à Paris en 1967 pour y planter la graine du « vrai Zen », maître Deshimaru y fonda un premier dojo, devenu temple Zen en 1975, puis un monastère à la Gendronnière, près de Blois. Son style simple et direct lui attira de nombreux disciples occidentaux, et bientôt des dojos s'implantèrent à Strasbourg, Lyon, Marseille, en Europe et au Canada. Plus de 120 dojos furent ainsi créés dans le monde.

« Sans la pratique de *Zazen*, le Zen n'est rien ! » disait-il, « Mais si vous pratiquez *Zazen*, même sans temple, c'est le vrai Zen [...]. *Zazen*, c'est la respiration juste, l'état d'esprit juste, la posture vraie. »

Mort subitement en 1982, Taishen Deshimaru fut surnommé le « *bodhisattva* des temps modernes » par Iwamoto Zenji, le chef spirituel du Zen Soto au Japon.

SOGYAL RINPOCHÉ (né en 1947)

Né au Tibet, Sogyal Rinpoché fut élevé par Jamyang Khyentsé Tchökyi Lodrö, l'un des plus grands maîtres tibétains de ce siècle. Également disciple de Düdjom Rinpoché et de Dilgo Khyentsé Rinpoché, il étudia à l'université de Cambridge et commença à enseigner en Occident en 1974. L'aisance et l'humour avec lesquels il enseigne aux Occidentaux, ainsi que son ouvrage *Le Livre tibétain de la vie et de la mort* ont fait de lui l'un des interprètes les plus populaires du bouddhisme tibétain dans le monde moderne.

Fondateur des centres Rigpa, il donne actuellement de nombreux enseignements et des retraites en Amérique du Nord, en Australie, en Asie et surtout en Europe, en Grande-Bretagne, en Allemagne, en Hollande et en France, dont il a fait sa résidence et son centre de rayonnement. En 1991, il fonda dans l'Hérault un centre de retraite international, Lérab Ling, où il invite très régulièrement d'autres maîtres dans un esprit non sectaire.

NAMKHAI NORBU RINPOCHÉ (né en 1938)

Né en 1938 au Tibet, il eut pour maîtres principaux une grande pratiquante, Ayou Khandro, et Nyak la Tchangtchoup Dordjé, un maître Dzogchen vivant en communauté autarcique avec ses disciples. Réfugié au Sikkim en 1958, invité en Italie par le professeur G. Tucci en 1960, il fut nommé professeur à l'Istituto Orientale de l'université de Naples en 1964. En 1983, il accueille le premier congrès international de médecine tibétaine à Venise. Outre ses recherches universitaires sur les origines de la culture tibétaine, il enseigne depuis vingt ans le bouddhisme selon l'approche Dzogchen dans de nombreux pays comme l'Italie, la France, l'Autriche, la Grande-Bretagne, les États-Unis, l'Argentine, l'Australie, la Mongolie et récemment la Russie. Née à Merigar – son centre principal en Toscane – la communauté Dzogchen réunit des pratiquants du monde entier. Auteur de nombreux livres, il développe ASIA, un projet d'aide et d'éducation au Tibet. Son style précis, direct et dénué de tout sectarisme en fait l'un des maîtres les plus appréciés.

TENDZIN GYATSO LE XIVᵉ DALAÏ LAMA (né en 1935)

Reconnu comme l'incarnation du précédent dalaï-lama, intronisé à sept ans, l'actuel dalaï-lama suivit l'entraînement monastique jusqu'en 1959. Dès 1951, il assuma le pouvoir temporel, au début de l'invasion chinoise. En 1959, il fut contraint de s'exiler en Inde, suivi de 80 000 réfugiés. Au Tibet, la répression chinoise fut terrible : plus d'un million de Tibétains périrent de famine, de torture ou d'exécutions et le patrimoine religieux fut presque entièrement détruit. Établi à Dharamsala, dans le nord de l'Inde, le dalaï-lama, rassembla la communauté tibétaine exilée sous son égide.

Depuis, il poursuit d'infatigables efforts pour soulager la souffrance de son peuple et délivre au monde un message de paix et de responsabilité universelle. Son exemple et ses profonds enseignements illustrent au plus haut point les vœux du *bodhisattva* (voir page 60-61) et le principe de compassion qu'il incarne.

Grand érudit, esprit ouvert, le dalaï-lama dialogue avec des scientifiques du monde entier et est l'auteur d'ouvrages tels que *Mon pays et mon peuple*, *L'Enseignement du dalaï-lama*, etc. Il reçut le Prix Nobel de la Paix en 1989.

Le XIVᵉ dalaï-lama est certainement le plus célèbre des maîtres bouddhistes. Instantanément reconnaissable grâce à la médiatisation dont il est l'objet, le dalaï-lama rayonne d'un bonheur et d'une modestie qui ont fait de lui l'une des figures publiques les plus aimées du XXᵉ siècle. Chef exilé d'une nation dévastée, Sa Sainteté est louée pour son continuel dévouement à son peuple et pour une compassion qui transcende sa propre position tragique. Par sa bonne humeur et sa joie de vivre, le dalaï-lama fait voler en éclats la réputation de pessimisme du bouddhisme.

Carte de l'Asie

Cette carte décrit le cadre géographique général du bouddhisme et indique les principaux lieux du monde bouddhiste qui sont mentionnés dans l'ouvrage. Les noms et les frontières géographiques de la carte ne prétendent pas rendre compte de la réalité politique d'aujourd'hui.

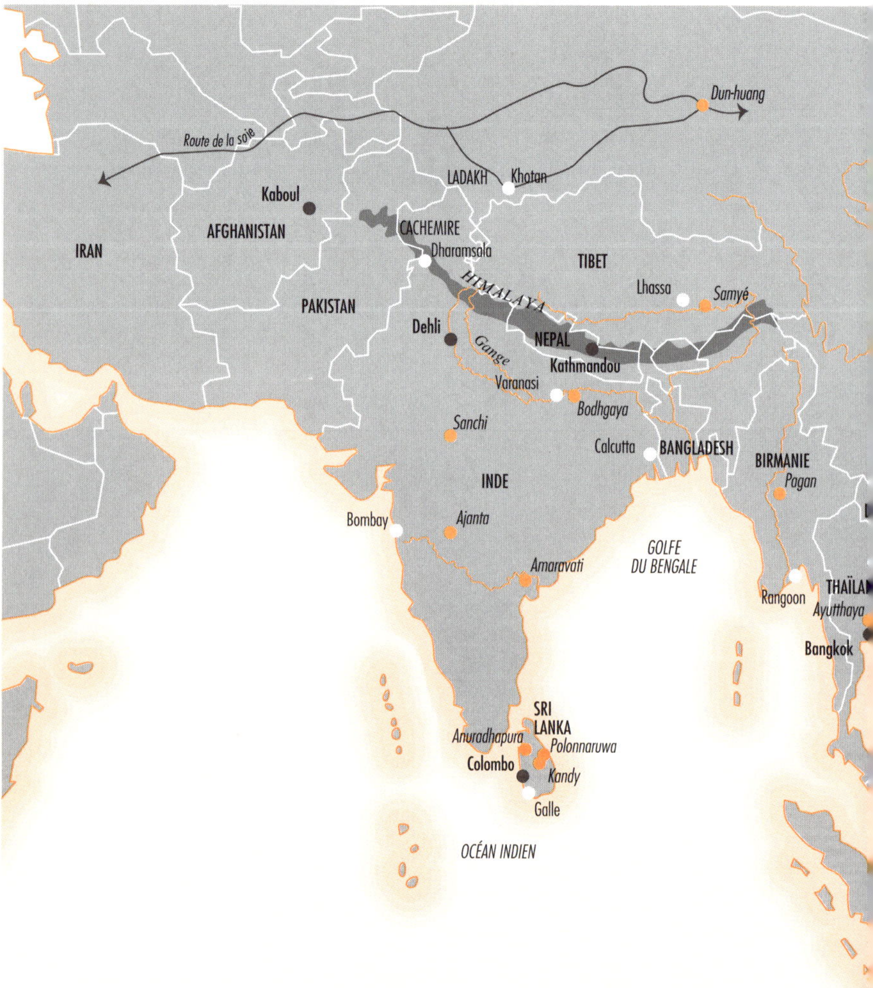

Pékin
Young-kang
CHINE
Huang He
ang'an
Loung-men
ngzi
CORÉE
JAPON
Kyoto
Tokyo
Nara
Kamakura
noi
MER
DE CHINE
MÉRIDIONALE
PHILIPPINES
ngkhor
VIETNAM
BODGE
Ho Chi Minh Ville
nom
Penh
BORNÉO
MATRA
Borobudur
Chandi
Mendut
JAVA
Villes
Capitales
Sites bouddhiques
CACHEMIRE Région

Adresses utiles

THERAVADA ET ASIE DU SUD-EST

Chithurst Buddhist Monastery
Chithurst
Petersfield
Hants GU31 5EU
GRANDE-BRETAGNE

Amaravati Buddhist Centre
Great Gaddesden
Hemel Hempstead
Herts HP1 3BZ
GRANDE-BRETAGNE

Pali text Society
73 Lime Walk
Headington
Oxford OX3 7AD
GRANDE-BRETAGNE

Association bouddhique
Linh So'n
9, avenue Jean Jaurès
94340 Joinville-le-Pont
FRANCE

Association des bouddhistes vietnamiens en France
Institut bouddhique TRÚC LÂM
9, rue de Neuchâtel
91120 Villebon-sur-Yvette
FRANCE

Centre Vipassana Europe
Dhamma Mahi
Le Bois-Planté
89350 Louesmes
FRANCE

Wat Pa Nanachat
Bahn Bung Wai
Amper Warin
Ubon 34310
THAÏLANDE

BOUDDHISME TIBÉTAIN

Kagyu Samye-Ling Tibetan Centre
(Akong Rinpoché, Kagyüpa)
Eskdalemuir
via Langholm
Dumfries DG13 0QL
GRANDE-BRETAGNE

Dhagpo Kagyu Ling
(Guéndün Rinpoché, Kagyüpa)
Landrevie
St-Léon-sur-Vézère
24290 Montignac
FRANCE

Shechen Tennyi dargyeling
(Khyentsé Rinpoché, Nyingmapa)
La Sonnerie
St-Léon-sur-Vézère
24290 Montignac
FRANCE

Urgyen Samyé Chöling
(Shenphen Dawa Rinpoché, Nyingmapa)
Laugeral
St-Léon-sur-Vézère
24290 Montignac
FRANCE

RIGPA France (Sogyal Rinpoché, Nyingmapa)
22, rue Burq
75018 Paris
tél. (1) 42 54 53 25

Lérab Ling
Centre de retraite international (RIGPA)
L'Engayresque
34650 Roqueredonde
FRANCE

Kagyü Ling (Kalou Rinpoché, Kagyüpa)
Château de Plaige La Boulaye
71320 Toulon-sur-Arroux
FRANCE

Kagyu Dzong (Kalou Rinpoché, Kagyüpa)
40, route circulaire du Lac Daumesnil
75012 Paris
FRANCE

Institut Vajrayogini (Guélougpa)
Château d'Enclauzade, Marzens
81500 Lavaur
FRANCE

Ngor Ewam Phende Ling
(Phendé Rinpoché, Sakyapa)
3, rue du Bout de la Ville
Les Ventes
27180 St Sébastien
FRANCE

Institut Ganden Ling (Dagpo Rinpoché, Guélougpa)
Chemin de la Passerelle
77250 Veneux-les-Sablons
FRANCE

Karma Ling (Lama Denis Teundroup, Kagyüpa)
Ancienne Chartreuse de St-Hugon
Arvillard
73110 La Rochette
FRANCE

Karma Mingyour Ling
(Lama Teunzang, Kagyüpa)
Montchardon Izeron
38160 St-Marcellin
FRANCE

Centre Shambhala Paris
(Chögyam Trungpa Rinpoché, Kagyüpa)
25, rue Titon
75011 Paris
FRANCE

Communauté Dzogchen France
(Namkhai Norbu Rinpoché)
13, rue des Nanettes
75011 Paris
FRANCE
Répondeur 43 67 64 64

Communauté Dzogchen
c/o Jocelyne carasso
Route du Pernin
7416 Les-Mouilles-Neydens
FRANCE

Communita Dzogchen
(Namkhai Norbu Rinpoché)
Merigar
58031 Arcidosso
Grosseto
ITALIE

Istituto Lama Tzong Khapa
(Guélougpa)
via Poggiberna 5,
56040 Pomaia
ITALIE

Vajradhatu Europe
(Chögyam Trungpa
Organisation)
Zwetschenweg 23
D-3550 Marburg
ALLEMAGNE

Office of HH. the Dalaï-Lama
of Tibet
Thekchen Choeling
McLeod Ganj
Dharamsala, Himachal
Pradesh (HP)
INDE

ZEN

La Gendronnière
(T. Deshimaru,
Zen Soto,
Association Zen
internationale)
Valaire
41120 Les Montils
FRANCE

Association
Zen Internationale
Temple Parizan Bukkoku Zenji
17, rue Keller
75011 Paris
FRANCE

Village des Pruniers (Vén.
Thich Nhat Hanh)
Meyrac
Boubes, Bernac
47120 Duras
FRANCE

Communauté bouddhique
de France
Taikan Jyoji Roshi
(Zen Rinzaï)
La Rialle
07800 St-Laurent-du-Pape
FRANCE

ADRESSES GÉNÉRALES

Dharma-Orient-Occident,
Université bouddhique
de Paris
c/o Frédéric La Combe
26, rue Véron
75018 Paris
FRANCE

The Buddhist Society
58 Eccleston Square
London SW1V 1PH
GRANDE-BRETAGNE

Glossaire

Abhidhamma (pali), ***Abhidharma*** (sanscrit) Analyse du *dharma* ou *dharma* supplémentaire, l'une des trois corbeilles *(Pitaka)* des écritures pali et sanscrites.

Adi Buddha Le Bouddha primordial ou suprême dans le *dharma* tantrique.

Ahimsa La non-violence

Alaya-vijnana La « conscience base-de-tout » qui accumule les imprégnations karmiques selon le Yogacara.

Amitabha Le Bouddha qui préside au paradis occidental dans le bouddhisme de la Terre pure.

Anatta (pali), **Anatman** (sanscrit) La doctrine du non-soi ; avec *dukkha* (la souffrance) et *anicca* (l'impermanence), l'une des trois caractéristiques de l'existence.

Anicca (pali) : l'impermanence.

Arhat : Personne qui a « vaincu l'ennemi » des passions et des souillures et achève le *nirvana*.

Aryan : « noble », souvent utilisé pour qualifier une doctrine telle que les « Quatre Nobles Vérités ».

Avalokiteshvara : Le *bodhisattva* de la compassion, central dans le Mahayana.

Bhikkhu (pali), **Bhikshu** (sanscrit) : littéralement « mendiant », moine.

Bodhi : Éveil, illumination. Nom donné à l'arbre sous lequel le Bouddha atteignit l'Éveil vers 531 avant J.-C.

Bodhisattva : dans le Hinayana, futur Bouddha ; dans le Mahayana, un « être d'Éveil » qui s'efforce de guider autrui vers le *nirvana*.

bön : religion tibétaine pré-bouddhique.

Brahma : l'un des trois dieux majeurs de l'hindouisme.

Brahmane : terme sanscrit désignant l'Absolu pour les Hindous.

Brahman : membre de la caste des prêtres.

Bouddha : « L'Éveillé ». Désigne le Bouddha historique Siddharta Gautama mais aussi les éveillés passés et à venir.

bouddhisme : la voie et la pratique fondées sur l'enseignement du Bouddha, le *dharma*.

Cakravartin : l'empereur universel légendaire.

Cetiya : « rappel » du Bouddha sous forme de *stupa*.

Tch'an : école bouddhiste chinoise Mahayana, mettant l'accent sur la méditation et l'expérience directe.

Cha-no-yu : la cérémonie du thé au Japon.

Deva : dieu dans l'hindouisme et déité dans le bouddhisme.

dhamma (pali), **dharma** (sanscrit) : l'enseignement bouddhiste ; « ce qui est » ; les phénomènes psychiques et matériels.

Dharmakaya : le corps absolu d'un Bouddha dans le Mahayana (les deux autres corps sont le *sambhogakaya* et le *nirmanakaya*).

Dukkha : la souffrance, le mal-être, l'insatisfaction, la frustration. « La naissance, la vieillesse, la mort, le chagrin, les lamentations, l'inconfort, le malheur, le désespoir, le désir de ce qu'on ne peut obtenir, les cinq agrégats de la personnalité sont tous *dukkha* » (*Digha-Nikaya,* II, 305).

Gautama : nom de clan de Siddharta.

Guélougpa : école du bouddhisme tibétain à laquelle appartient le dalaï-lama.

gourou : maître spirituel.

Heruka : déité terrible, aspect courroucé de l'Éveil dans le Tantra.

Hevajra : Déité masculine d'un Tantra fondamental.

Hinayana : le « petit véhicule », terme donné par les Mahayanistes à ceux qui recherchent l'Éveil pour eux-mêmes.

Jataka : contes bouddhistes sur les vies du Bouddha.

Jhana (sanscrit **Dhyana**) : l'absorption méditative.

Jina : « Vainqueurs », les cinq dhyani-bouddhas du Mahayana et du Tantra.

Kami : déité dans le shintô japonais.

Karma : action productrice d'un effet de même nature qui frappera ultérieurement son auteur.

Koan : proposition Zen destinée à faire voler en éclats l'esprit conceptuel.

Kshatriya : membre de la caste des guerriers en Inde.

Kouan Yin : forme chinoise d'Avalokiteshvara.

Madhyamika : « ceux de la Voie médiane », école du Mahayana.

Mahamaya : la mère du Bouddha.

Mahasiddha : grand adepte spirituel du Tantra.

Mahavamsa : ancienne chronique cinghalaise.

Mahayana : le « grand véhicule », qui met l'accent sur la compassion et la compréhension de la vacuité.

Mandala : « centre et circonférence », la déité et le monde perçu selon sa pure vision.

Manjushri : le *bodhisattva* de la sagesse et de l'intelligence.

Mantra : syllabe ou formule sacrée utilisée en méditation.
Mara : le « malin », le tentateur.
Mudra : geste symbolique rituel dans le Tantra.
Naga : esprit-serpent des eaux souterraines.
Namo : « hommage » comme dans *Namo bouddhaya*, « hommage au Bouddha ».
Nembutsu : *« namu amida butsu »* formule de l'école de la Terre pure japonaise.
Nirvana : « extinction du soi », au-delà de la souffrance.
Pali : langue du bouddhisme du Sud et des écritures Theravada mises par écrit à Sri Lanka au ve siècle.
Parinirvana : *nirvana* complet, au moment de la mort d'un Bouddha.
Patimokha (sanscrit **Pratimoksha**) : vœux de libération individuelle dans le *Vinaya*.
Pitaka : « corbeille » ou corpus de textes dans les écritures bouddhiques. Les trois *pitakas* sont *sutta* (discours), *vinaya* (discipline) et *Abhidhamma* (*dharma* supplémentaire).
Prajna : la connaissance suprême.
Prajnaparamita : la perfection de Sagesse, classe de *sutras* Mahayana exposant *shunyata*, la vacuité.
Puja : offrande rituelle.
Punna (sanscrit **punya**) : mérite accumulé par une vie exemplaire et de bonnes œuvres, menant à une renaissance favorable.
Samadhi : absorption méditative.
Samsara : le cycle des renaissances, l'existence conditionnée, l'opposé du *nirvana*.
Sangha : la communauté des moines et au sens large, celle des pratiquants bouddhistes.
Sanscrit : langue littéraire et sacrée de l'Inde utilisée dans les textes Mahayana.
Sasana : enseignement bouddhiste.
Satori : expérience d'éveil dans le Zen.
Shakyamuni : nom du Bouddha, « le Sage des Shakya ».
Shingon : bouddhisme tantrique japonais.
Shiva : l'un des trois dieux majeurs de l'hindouisme.
Shunyata : vacuité, la vérité absolue dans le Mahayana.
Siddharta : le prénom du Bouddha.
Sima : limite monastique dans laquelle prend place l'ordination.
Skandha : les cinq agrégats du « moi », qui donnent l'illusion d'une personne.
Stupa : reliquaire bouddhiste en forme de dôme.
Sutra (sanscrit), ***sutta*** (pali) : les paroles du Bouddha mises par écrit après sa mort d'après le récit d'Ananda.
Tantra : texte bouddhiste ésotérique dans le Tantrayana ou Vajrayana, le véhicule adamantin.
Tao : la voie, la réalité ultime dans le taoïsme.
Tara : « la Salvatrice », *bodhisattva* féminin.
Tathagata : « l'Ainsi Allé », le Bouddha.
Tathata : la telléité, l'ainséité, la siccéité, le « tel quel » des choses, dans l'école Yogacara.
Theravada : la doctrine des Anciens, principale école du Hinayana méridional.
Tipitaka (pali) ou **Tripitaka** (sanscrit) : voir *Pitaka.*
Tiratana (pali) ou **Triratna** (sanscrit) : le Triple Joyau, *Bouddha*, *dharma* et *sangha*, objet de refuge.
Upasaka : disciple laïc.
Upaya : « moyens habiles » de la compassion, symbolisés par les déités masculines dans le Tantra, moyens que l'on unit à la sagesse *(prajna)*, représentée par les déités féminines.
Vairocana : Le Jina central, important dans le Tantrisme Shingon et tibétain.
Vajra : « foudre » ou « diamant », symbole Mahayana et Tantrayana de l'immuabilité de l'absolu.
Vajrayana : le véhicule du vajra, encore appelé Mantrayana ou Tantrayana.
Vassa : la saison des pluies indienne.
Veda : anciens textes brahmaniques.
Vinaya : le code de discipline monastique et laïque, identique dans les traditions pali, chinoise et tibétaine.
Vipassana (pali), **Vipashyana** (sanscrit) : « la vision profonde ou pénétrante », phase de la méditation qui suit ou accompagne Shamata, « le calme mental ».
Yantra : diagramme sacré.
Yidam : déité tutélaire dans le Tantrisme tibétain.
Yogacara : école idéaliste du Mahayana fondée sur le *Lankavatara Sutra* et les œuvres d'Asangha et de Vasubandhu.
Yogi : pratiquant spirituel, terme utilisé dans l'hindouisme comme dans le bouddhisme.
Youm : « mère », nom des déités féminines unies à une déité masculine dans le Tantrisme.
Zazen : la méditation assise dans le Zen.
Zen : nom japonais du Tch'an, école de la méditation.

Postface

Un jour – qui a peut-être duré mille ans – l'homme, cet animal gratifié d'un Esprit, a considéré l'arbre de la forêt primitive avec amitié. Il s'est assis contre son tronc, a regardé le temps passer dans la chute d'une feuille, a humé la pourriture de l'humus, a fermé les yeux et a régulé sa respiration. Il a accompagné les pensées et les émotions qui l'habitaient. Il les a senties aussi fluides que le souffle du vent.

Il a compris que tout passait et qu'une part de lui pouvait échapper à ce mouvement. Illusion le monde, s'est-il dit, mais je demeure. Je ? Mais je ne suis pas celui qui s'écoule et qui souffre. Alors il s'est éveillé à une réalité plus forte que sa petite personne, un espace où la compassion est une joie, où l'amour est un élan qui échappe à la marque de la mort.

Tel monsieur Jourdain qui faisait de la prose sans le savoir, chaque homme, qu'il soit prince né à Lumbini, forgeron en Corrèze, ouvrier à Seattle ou mère de famille à Nagasaki, peut s'approcher de l'expérience du bouddhisme. Siddharta Gautama n'est pas venu assener des dogmes ou des règles, il a éclairé une vérité inscrite dans la nature de l'homme.

L'Occidental qui se tourne vers le bouddhisme peut le faire avec l'appétit du curieux ayant envie de connaître la valeur qui a le plus marqué la civilisation asiatique, mais il peut aussi comprendre qu'au-delà des marques culturelles, le bouddhisme – comme le christianisme – peut féconder tous les temps et tous les espaces.

*

J'ai rencontré le bouddhisme au début de mon âge d'homme, alors que j'étais effaré par la stérilité de l'enseignement de la philosophie. Commentaires de commentaires, où était la vie ? Nous naviguions dans le langage, jamais dans le réel. J'ai cherché une issue : aller voir de l'autre côté s'il ne se trouvait pas une parole signifiante. Je suis donc parti avec mon balluchon, quelques livres et des *a priori* vers les principaux sites du bouddhisme en Inde, puis j'ai gagné Sri Lanka à la recherche d'un ermite qui vivait dans la forêt. Au-delà des raisonnements qui, après tout, se retournent comme des gants, il m'a offert la plus incontestable des preuves : le rayonnement de son visage. De son sourire et de ses gestes émanait une aura capable de faire tomber bien des barrières qui nous enferment dans les limites étroites de nos désirs.

Mais rien n'était joué. Il fallait ensuite, par la méditation, faire passer les vérités du bouddhisme dans son propre corps. Sans cette plongée, il n'y a que des mots vides. Ainsi ai-je découvert deux vérités : que la connaissance doit traverser le corps et que la vraie transmission passe d'homme à homme par des voies qui irriguent l'inconscient. J'ai cru qu'il s'agissait d'une méthode propre à l'Orient. En fait, la tradition occidentale s'est longtemps transmise de cette manière, mais nous nous sommes saoulés d'une fausse idée de la liberté qui nous a coupés de nos sources spirituelles.

La civilisation d'aujourd'hui en porte le masque tragique. Le bouddhisme m'a aidé à recevoir l'Évangile non comme un texte historique sur lequel élaborer des dogmes, mais comme une vérité intemporelle qui éveille nos énergies spirituelles brimées par le verbiage. « En vérité je vous le dis, si vous ne retournez à l'état des enfants, vous ne pourrez entrer dans le royaume des cieux » (Matthieu 18, 3). Il y a un pacte entre l'esprit d'enfance, l'esprit de poésie et les vibrations de l'âme.

Tout nous est donné à la naissance mais nous l'enfouissons sous la gangue de l'*ego*. Retrouver l'unité perdue demande une pratique que le bouddhisme – il n'est pas le seul – a développée avec une subtile appréhension des méandres les plus obscurs de notre psychisme. Depuis des siècles, cette technique d'éveil se transmet par des maîtres à travers cultures et situations historiques les plus variées. Nul doute que sa pérégrination actuelle vers les terres d'Occident bouleversera en profondeur la relation que nous entretenons avec le monde et avec la connaissance.

*

Pourquoi choisir une religion contre une autre ? Une démarche plus féconde existe : elle consiste à partir à la recherche du lieu où les contradictions se dissolvent. Il nous attend au plus intime de notre être. Je suis resté par fidélité au sein du christianisme de mes ancêtres sans jamais me sentir déchiré car l'intuition spirituelle nous apprend que le centre d'harmonie est commun à tous.

Nous sommes devant l'une des questions les plus cruciales qui se soit posée à l'homme. Ce que l'on nomme religion a-t-il été la réponse donnée par notre ignorance au mystère de l'origine de la vie et du sens de la mort ? Dans ce cas, la science – ce fut là son idéologie – allait enfin remplacer cet archaïsme. L'aventure intellectuelle des trois derniers siècles est un lent processus de prise de pouvoir par le matérialisme au nom d'une certaine conception de la raison. Échec. Il faut bien maintenant considérer le religieux comme autre chose que la réponse donnée par la peur au tragique de notre condition. Le religieux n'est pas un bandeau, il est une lumière vers le centre. Le fait même qu'à partir de sources culturelles si diverses les « sages » atteignent une semblable réalité prouve combien le spirituel est naturel. Il n'y a pas une lutte entre l'esprit et la matière, il y a un homme complexe qui doit harmoniser toutes les énergies qui le composent.

Le siècle à venir sera celui du dialogue en profondeur des religions. La rencontre d'Assise, il y a dix ans, a été un symbole d'une puissance dont nous n'avons pas encore mesuré toutes les conséquences positives même si, par réaction, les intégrismes se crispent dans un refus du mouvement.

Nul ne peut dire ce qui naîtra de ce dialogue qui se développe sur la planète. Si l'accord des hommes se fera par la voie spirituelle, si nous allons nous réconcilier avec la Terre. Si une nouvelle religion est en train d'émerger. Mais il est évident que la connaissance du bouddhisme reste pour l'Occidental une des expériences les plus enrichissantes. Elle nous ouvre nécessairement à l'universel et, par là, nous révèle à nous-mêmes.

Olivier Germain-Thomas

Index

Les numéro de pages indiquent une référence dans le texte principal. Il peut y avoir des références en en-tête ou dans des encadrés à la même page. Les numéros en *italique* indiquent une référence dans une légende d'illustration. En **gras**, ils indiquent une référence dans un encadré.

A

Abhidharma (3e *pitaka* du canon bouddhique) 54, **71**, 128, 136
Actes du Bouddha (Les) (poème sanscrit) **31**, 44
Adi Bouddha 132, 133, *136*
ahimsa (concept Jaïn de non-violence) 38, *39*
Ajahn Chah **156**
Ajahn Sumedho **156**
Ajanta (grottes) *36*, 162
Ajatasattu, roi **41**, 43, **49**
Ajit (philosophe) **37**
Ajivaka (secte) **37**, 58
Akong Rinpoché **157**
Alara Kalama (maître du Bodhisattva) 14
Amaravati (monastère) **156**
Amaterasu (déesse solaire japonaise) 100, **103**
Amida Bouddha (Amitabha Bouddha) 109, **111**
Amitabha Bouddha *80*, 92, 93, 109, **147**
Amour tendre *(metta)* **49**
Anagarika Dharmapala 154, 161
Analectes (enseignement de Confucius) **83**
Ananda (temple à Pagan) 76
Ananda *32*, 40, 50, 51, 54, 132, 163
Ananda Coomaraswamy 154
Anathapindada **57**
anatta voir non-moi
Anawrahta (roi birman) 76
Ancêtres (culte dans le confucianisme) 83
Angkor Thom (temple bouddhiste, Cambodge) 164, 165
Angkor Wat (temple hindou, Cambodge) 164
Anuradhapura (capitale du Sri Lanka) 55, 68, **69**, 72, **73**, 163
Grand monastère du Mahavihara 68, 70, 72, 74, 163
arhat (personne libérée) **27**, **48**, 96
ascétisme 8, **15**, 16, 20, **37**, 77
étranger à la culture chinoise **87**
engendrant de l'énergie spirituelle *(tapas)* 14
dans le Jaïnisme 38
Ashoka (empereur) 57, 72, 144, 168
Colonnes **59**, 161, 162
Conversion au bouddhisme 80
Inscriptions **59**
gouvernant selon le *dharma* 57, 58, 59
Asiatick Researches (journal) 150
astrologie **75**
Atisha (maître indien venu au Tibet) **127**, 130
atman (soi, âme) **17**
unification avec le *Brahman* 36
au premier concile bouddhiste 54
aristocratie spirituelle 60
Avalokiteshvara (*bodhisattva* de la compassion) 62, *63*, 64-65, *80*, 133, *146*
émanation d'Amitabha **93**
appelé Kouan Yin en Chine 62, **93**
Padmapani (aspect portant un lotus) 162
Dans la *prajnaparamita* 64
Dans la Terre pure (Sukhavati) **93**
réincarnations **127**, **130**, **131**
et Tara **93**, *137*
Avatamsaka Sutra 90
Avici (Enfer) **133**

B

Bardo Thödröl (Livre des morts tibétain) **147**
bardo 132, **147**
Bayon (temple à Angkor Thom) 164
Bhagavad Gita (Wilkins) 150, 152
bhikkhus (voir moines)
Bimbisara (roi du Magadha) *37*
Blavatsky, Helena 153
Bodhgaya (site de l'Éveil) *18*, **25**, 161
bodhi (esprit de) 119
bodhi (Éveil) arbre *20*, *24*, **25**, 69, 161, 163
Bodhidharma **62**, 94-95, 96, 118, *119*, 120, **123**
Bodhisattva (le)
attaqué par Mara 20-21
austérités 15, **35**, 40
devient le Bouddha 18
naissance 8, 10, **11**, *26-27*
Éveil 14, 18, 20-21, 24-25
première expérience de méditation **13**, 44, 118
méditation sous l'arbre de la *bodhi* 20, 22, 24
période d'ascétisme sévère 14-15
incarnations précédentes 23
événements surnaturels à sa naissance 10, **11**
Bodhisattva (le) représenté dans l'art *14*, *15*, *81*
naissance *10*, *26-27*
faisant les quatre découvertes *12*
grand départ *13*
en méditation *15*
victorieux sur Mara *21*
bodhisattvas
dans le Mahayana 60, 62-63, 64
représentés dans l'art *65*, **77**, *80*, **137**
six perfections des 62, **136**
vœux 60, **119**, **129**
bön (religion indigène tibétaine) 124, 126, **127**, 140

Borobudur *66*, **77**
Bouddha
crémation 54
vie quotidienne 42
mort 50-51, 54
tentatives de meurtre de Devadatta sur **49**
derniers mots **51**
identifie les quatre lieux de pèlerinage **51**, 161
langue parlée par 42
dernier repas 51
nirvana de son vivant 50
parinirvana 32, *43*, 50, 62
pouvoirs surnaturels 48-49
représentations symboliques *17*, *18*, *20*, **81**
avertissements contre l'ascétisme extrême 15
champs de bouddhas 92
bouddhas représentés dans l'art *70*, *72*, *77*, *81*, *152*
Amida Bouddha *108*, *109*
à Dun-huang **81**
entrant en *nirvana 17*
Premier sermon à Sarnath *35*
style gréco-romain du Gandhara **81**
dans les *mandalas* 146, **147**
en méditation *27*, *46*, 163
en *parinirvana 32, 51, 78, 81*, 163
couché *50*
assis *25*, *55*, **77**
en union **137**
à Sri Lanka 68-75
représentations symboliques **11**, *20*
en posture d'enseignement *25*, 161
Vairocana (grand Bouddha) **103**
bouddhisme
en Birmanie 70, *71*, 72, *73*, **75**, 76, 77
répression chinoise au Tibet 124, **131**
anciennes vues européennes 148, 152-153
expansion vers l'Est derrière le commerce 80, **87**
éthique **57**
éléments folkloriques **11**, 48, 66
Mahayana et Hinayana 36, 50, 52, 60-65, 102
en Amérique du Nord 154, 155
non théiste
textes sanscrits en traduction **87**, **89**
à Sri Lanka 66, 68-75, 80
Theravada 66-77
au Tibet **93**, 124-147
en Occident 148-159
bouddhisme chinois 78, 86-97
développement jusqu'aux T'ang 88-89
raisons de la résistance chinoise **87**
Répression à la fin de la dynastie T'ang *87*, 94
bouddhisme japonais 98-123
Influence chinoise 102, 104
école Hosso 102, **105**
écoles modelées sur la Chine 102
Chamanes *(ubasoku-zenji)* **101**, **103**
synthèse avec le shintoïsme **101**
école Tendai du 102, 104-105
bouddhisme thaï 70, 72, **73**
bouddhisme tantrique **93**, **127**, 134-136, **137**
utilisation de *mantras* **136**
Brahma (dieu hindou) *34*, 35, **37**
Brahman (absolu) **17**
brahmanes **35**, 36, 56
Buddhaghosa (écrivain et traducteur) **73**
Buddhist Society (Londres) 148, **156**
Burnouf, Eugène 150, 151, 152, 153

C

cakravartins (empereurs universels) **11**, 88, **145**
calligraphie (écoles Zen et Hiei) 122, **123**
Carus, Paul **154**
castes dans le système hindou 56
cetiyas 68, 76-77
Chamanisme 44, 48, **101**, 126
Chandi Mendut **77**
Chemin octuple 25, 26-27, **41**, **45**, 46, 51, 146
Chithurst Monastery (Angleterre) *148*, **156**
Chögyam Trungpa Rinpoché 155, **157**
Chunda 51
Cinq préceptes 57, **157**
compassion 28, **31**, **55**, 56, 60, **91**, **93**, 96, 117, 127, 134, 136, 137, 139, 162, 167
Conciles bouddhistes 54
confucianisme 78, 82-83, **101**
Confucius 82, **83**
Conze, Édouard 156
cosmologie (tibétaine) 132-133
cycle de la mort et de la renaissance *voir samsara*
cycles cosmiques 22

D

Dahlke, Paul **150**
dakinis 140-141
Dakpo Rinpoché 159
dalaï-lamas
réincarnations d'Avalokiteshvara **130**, **131**
identité spirituelle **130**
Tendzin Gyatso (XIVe dalaï-lama) *130*, **159**, 167
titre octroyé par les Mongols **131**
darshanas (contact visuel avec les déités) 142
David-Neel, Alexandra **159**
déités masculines et féminines 135
Deshimaru, Taishen 158, 166
désir **17**, 25, 27
Devadatta 40, **49**
Devanampiya-Tissa (roi de Sri Lanka) 68, 69
Dhammaduta (Société germanique) **150**
dharma (loi, doctrine) **11**, 20, 24, 26-27, **31**, 34, *40*, **48**, 108
Abhidharma 54, **71**, 128
et Ashoka 57, 58-59
en Chine 78
« complet » 138
établi à Sri Lanka 68-69
interprété par l'école de la Guirlande de fleurs 90
introduit au Tibet **127**
transmis non verbalement 95
comme radeau pour traverser

le *samsara* **60**
réconcilié avec la religion populaire 140
réénoncé par Dogen **117**
résumé par le Bouddha 51
symbolisé par une roue **11**, **31**, *40*, **65**
Dharmakaya (corps absolu d'un bouddha) 62, 63, 107
dhatu (éléments) **47**
dhyani-bouddhas (Jinas) 133, 141, **145**, 146, **147**
diamant (Sutra du) 89, **129**
Dilgo Khyentsé Rinpoché 158, 166
Dipankara (bouddha du passé) 22-23
divination **75**
Dix préceptes 41, 74
Dogen (fondateur du Zen Soto) 116-119
écrits **117**, 118, 120
dukkha (*voir* souffrance)
Durga 134
Duttha Gamani (roi de Sri Lanka) *55*

E

édits d'Ashoka 58-59
Eihei-ji (temple Zen Soto) **116**
Eisai (moine) 112, 116
Émeraude (Bouddha d') 164
empreintes de pieds (symbolisant le Bouddha) *11*, *18*
enfers **133**
Ennin (moine Tendai) **105**
Esprit de Bouddha 95, **97**, 113, 118, 120
Esprit-seul (ement) **62**, **90**, 95
voir aussi Yogacara
Essai sur le lion doré (Fa-tsang) 90
éthique **57**
Éveil 18, 20-21, 24-31, **93**
graduel 88, **97**, **127**
soudain 88, **97**, 114, 119
exorcisme **75**

F

F.W.B.O **156**
Fondements de l'attention (*Sutra*) 46

G

Gal Vihara (temple) *72*
Gandavyuha Sutra (Guirlande de fleurs) 90
Gandhara (Pakistan/ Afghanistan) *10*, **62**, 80, **81**
générosité 21, 23, 62, 64, 162
Ginsberg, Allen 154, **155**
Giorno, John **155**
Goldstein, Joseph **155**
Grand Bouddha (Vairocana) **103**
grand départ (du Bodhisattva) 12, **13**, 14
Gueth, Anton 150
Gyantsé Dzong *124*

H

haïku (poésie Zen) **123**
Hakuin (maître Zen) 114, 122
Henepola Gunaratana **155**
herukas (déités terribles) 140
Hevajra (déité tantrique) *138*, **139**
Hevajra Tantra (texte Vajrayana) **139**
Hiei (mont) 104, 105, 110
Hinayana 50, 52, 60, **71**, 88, 118
contribution au Vajrayana 138
cosmologie 132-133
écoles dans le bouddhisme japonais 102
source du Theravada 66
univers en trois sphères d'existence 132-133
voir aussi Mahayana, Tantra, Vajrayana
Hodgson, Brian 150
Honen (fondateur de l'Amidisme) 109
Hopkins, Jeffrey **155**
Horyu-ji (temple) 102
Houei-neng (VIe patriarche du Tch'an) **95**
Hsuan-tsang (érudit) 89
Hui-kouo (maître Tch'an) 106
Humphreys, Christmas 156

I

ignorance 30
Ikkyu (créateur de la calligraphie Zen) 122
impermanence *(anicca)* 28-29, *31*, 34, **47**, 118, **121**
Indra (dieu hindou) **37**, **139**
Introduction au bouddhisme Indien (É. Burnouf) 156

J

Jaïnisme 38
Jamyang Khyentsé Tchökyi Lodrö (maître tibétain) 166
Jataka (contes) **22**, 23, **55**, 162
Jayavarman VII (roi khmer) 164
Jinas (bouddhas vainqueurs) 133, **145**, **147**
voir aussi dhyani-bouddhas
Jokhang (temple à Lhasa) 145, 165
Jones, William (fondateur de l'Asiatick Society) 150
Joshu (maître Zen) 114

K

Kadampa (école du bouddhisme tibétain) 130, **131**
Kagyüpa (école du bouddhisme tibétain) 130, 135, **155**, 157, 158
Kailash (mont) *134*
Kalou Rinpoché (maître tibétain) 157, 159
Kalpa Sutra (écrit Jaïn) *38*
Kama (dieu hindou de la sensualité) 20
Kamakura Shoguns 108, 112
kami (pouvoir sacré) 100
Kangyour (canon bouddhiste tibétain) *129*
Kapilavastu 10, 162
karma (actions passées) 8, 16, **17**, 24, 30, **31**, **35**
dans le Jaïnisme 38
rétribution (exemple) **133**
Karmapa (XVIe) 157, 159
Kashyapa (bouddha du passé) 22
Kashyapa (disciple du

Bouddha) *48*, 54, **97**
Kassapa le Grand 54
Katagiri-roshi 154
koans (énigmes Zen) 114, 116
Kosho-ji (temple Zen Soto) 117
Koubilaï Khan 76, **131**, 148, 152
Kukai (fondateur de l'école Shingon) 106-107, 122
Kumarajiva (traducteur) **89**
Kushinara (site de la mort du Bouddha) **51**, 54, 161
Kyoto (ancienne capitale japonaise) 98, 104, 165

L

La Lumière de l'Asie (d'Edwin Arnold) 153
La Vallée-Poussin, Louis de 151
Laïcs *56*, **57**, 74
Lalitavistara 153
Lama Denis Teundroup 159
Lama Thoubten Yéshé 159
lamas (maîtres tibétains) 128-129, **131**, **133**, **155**, 159
Lamotte, Étienne 151
Lankavatara Sutra **62**, 95
Lao Tseu (fondateur du taoïsme) *83*, 84
Lhassa (capitale du Tibet) **145**, 165
libération
promise pour tous dans le *Sutra du lotus* 91
sans *nirvana* (Terre pure) 108-109
Li Po (poète de la dynastie T'ang) 94
Liou Pang (fondateur de la dynastie Han) *85*
loi de Causalité 24, 25, 30, **97**
Lois de Manu 150
lotus (Sutra du) 81, 90, **91**, **101**, 104, 110, **111**, 151
Loung-men (grottes en Chine) 165
Lumbini (lieu de naissance du Bouddha) 10, 161, 162

M

Magadha (royaume) 34, 36, *37*, **49**, 58, **71**
Mahabodhi Society 52, 161
Mahabodhi (temple à Bodhgaya) *25*, 161
Mahajanaka (prince) 36
Mahakala (protecteur tantrique) 140
Mahamaya (mère du Bouddha) 10, *26-27*
Mahaparinirvana Sutra 50
Mahavamsa (chronique de Sri Lanka) *55*, 68-69, **73**
Mahavihara (monastère) 68, 70, 72, 74, 163
Mahavira (fondateur du Jaïnisme) 38
Mahayana 36, 50, 52, 60, 62-63, 88
Tch'an (*voir ce mot*)
contribution au Vajrayana 138
cosmologie 92
Guirlande de fleurs (Houa-yen) 90, 102
impact sur le Theravada 72
en Indonésie **77**
Littérature préservée en traduction **71**
Madhyamika (école) **62**, 63, 64, 102
Mulasarvastivadin (école) 130
textes venus du royaume des *nagas* 64
Terre pure (école) *voir ce mot*
au Tibet 124, **127**
T'ien-t'ai (école) 90, 93, 102
Vajrayana *voir ce mot*
Yogacara (école) **62**, 102, **105**
Zen Rinzai (école) 112, 114-115
Zen Soto (école) 116-119
Mahinda (fils d'Ashoka) 68-69, 163
Maitreya (Bouddha du futur) 22, *52*, 62
mandalas (diagrammes sacrés) 129, 138, 142-145
rituels associés **144-145**
Borobudur (structure) *66*, **77**
créé par les moines tibétains **129**, 144-145
décrivant une Terre pure *109*
dans le Mantrayana 106-107, 144-145
dans l'école Shingon 107
modèle des *stupas* **144-145**
déité au centre du 142, 143, 146
symboles et symbolisme 142, 143, 144-145, 146
dans le bouddhisme Tendai **105**
utilisé comme talisman ou amulette 144
Manjushri (*bodhisattva* de la sagesse) 133, *140*, 141, *142*
Manjuvajra (aspect de Manjushri) *142*
mantras (syllabes et formules mystiques) 93, 106, 109, 111, **129**, 136, 138
associés aux déités *yidam* 141
inscrits sur les yantras et mandalas 143, 144
Mantrayana (= Tantrayana, Vajrayana) 106, 134-147
Mappo (âge final de décadence croissante) **111**
Mara (le malin) 20-21, **29**, **37**
Marpa (maître tibétain) 128, 130
Matsuo Basho (poète des haïku) **123**
Maugdalyayana (disciple du Bouddha) *30*, 40
méditation **13**, 44-45, **45**, **97**, 117, **155**
absorption *(jhana, dhyana)* **45**, 46, **95**
présence 46-47
dans le corps **47**
dans le Tch'an 94
sur la mort **47**, 139, *150*
sur les quatre grands vœux **119**
vision pénétrante *(vipassana)* 139, *148*
sur les *koans* 114
sur les *mandalas* 142, 143, 146
des patriarches **97**
en silence 95, **97**
assise *(Zazen)* 113, 117, 118, **119**, 166
Sutra sur les fondements de l'attention 46
sous l'arbre de la *bodhi* 20, 22, 24
Visuddhi-Magga **73**
dans le bouddhisme Zen 112-113, 114, 117, 118-119,

120, 166
Méru (mont, axe cosmique) 76, 132-133, 144, 164
représenté au centre de l'offrande du mandala 144, **145**, 146
Mikkyo (bouddhisme ésotérique japonais) **105**
Milarépa (maître tibétain) 128, **130**
Minamoto Yoritomo (premier shogun) 112
monastique
limites monastiques *(sima)* 69, 75
code monastique 41, 57, 74-75 *voir aussi Vinaya*
discipline monastique *voir Vinaya* moines *(bhikkhus)* 41, *44-45*, *47*, 54, *72*
huit nécessités 75
plaisirs interdits **42**
discipline **41**, 74, 128-129
novices *(samaneras)* 74
processus méditatif 46-47
relations avec les laïcs **73**, 74-75
carrières séculaires **129**
guerriers **105**, 112
retirés de la société 56
Muchalinda (Naga) *20*, **25**
mudras (gestes symboliques rituels) 107, **135**, 136, 138
Muller, Max 151

N

Nagarjuna **62**, 64
Nairanjana (rivière) 20
Nairatmya (*Youm* d'Hevajra) *138*, **139**
Nalanda (université monastique) 64
Namkhai Norbou Rinpoché 156, 166
Nandabala *14*, 20, 26
Nara (capitale japonaise) 98, 102, 104, 165
Naropa (maître tantrique) 130, 135
Naropa Institute 155
nationalisme (tendance)
dans le Tendai 105
chez Nichiren 111
nats (esprits birmans) **75**, 77
Nembutsu (formule d'Amida) 109, 111, **105**
Nichiren (moine japonais) 110, **111**
Nirmanakaya (corps d'apparition d'un bouddha) 63
nirvana 10, 16, **17**, 18, 27, 30, *31*, 50, 92
équivalent au *Dharmakaya* 63
où n'entrent pas les dieux hindous 37
identique au *samsara* 135
dans le Jaïnisme 38
et le non-soi 44
atteint seulement par les moines 38, *56*
dans les *Prajnaparamita* 65
parinirvana du bouddha Norbou Lingka *131*
non-soi *(anatta)* **17**, 28-29, **31**, 38, **47**, 60, 63, 118, 119, **121**
Nyingmapa (école du bouddhisme tibétain) 130, 157, 159, 160
Nyingma Institute (Berkeley) 155

O

Offrandes de nourriture *57*, *72*
Olcott, Henri Steel 153
Om mani padme hum **136**
ordination *45*, 74-75, 105, **127**, 128, 129, 138

P

Padmapani (aspect d'Avalokiteshvara) 162, 165
Padmasambhava (maître tantrique) **127**, 140, 141, **145**, **147**
Pagan (capitale birmane) 76
Pali (canon bouddhiste) 23
Pali Text Society 151
pali (textes) 24-25, 34, 36, **37**, 40, 42-43, 62-63, 66, 71
Parakkramabahu (roi de Sri Lanka) 72, 163
parc des Gazelles (à Sarnath) *35*, 161
Parlement mondial des religions 153, 154
Parvati (déesse hindoue) *37*, 134, 140
Patimokha **71**, 74-75
Pelliot, Paul 80, **81**
philosophes contemporains du Bouddha **37**
philosophie taoïste 84, **85**
poésie **29**, **91**, **95**, **123**, 130
Polonnaruwa (Sri Lanka) *32*, **69**, 72, 163
Popa (mont) 76
Potala (palais des dalaï-lamas) **131**, 138, **145**, 165
Prajnaparamita (déité féminine) **65**
Prajnaparamita (perfection de Sagesse) textes 64, **65**, 139, *140*, 156
Premier sermon *35*, 40, **55**

Q

Quatre découvertes du Bodhisattva 12-13
Quatre Fondements de l'Attention **27**, 46, 51
Quatre Nobles Vérités 24, 26-27, *35*, **37**, 40, 139

R

Rahula (le fils du Bouddha) **13**, 40
Rajagaha (monastère) 54
Rama Ier (roi de Thaïlande) 164
renaissance *voir samsara*
Rhys Davids, T. W et Caroline 151
Rinzai (école Zen) 112, 114-115
Rinzai (maître Zen, chin. Lin-tsi) **123**
Rongbouk (monastère) *126*
Règles de la nouvelle salle de méditation (Dogen) 117
Ryoan-ji (temple Zen) 165
Ryobu-Shinto **101**

S

Saicho (fondateur du Tendai) 104-105
Sakka (dieu hindou, Indra) 23

samadhi (absorption méditative) 27, **45**
Samantabhadra (bodhisattva) 133
Samantabhadra (Bouddha primordial) *132*
sambhogakaya (corps de jouissance d'un bouddha) 62-63
samsara (cycle des renaissances) 16, **17**, *27*, *31*, 34, 68
  et *ahimsa* 38
  conflit avec le culte des ancêtres **87**
  sortie par l'ascétisme 8, 16
  sortie par la méditation 44
  identique au *nirvana* 135, **139**, 146
  lié au *karma* 8
  dans le *Sutra du lotus* **91**
  vu comme le flot d'une rivière ou un océan **60**, *61*, 65
  six voies de renaissance 133
samouraï (éthique et Zen) **113**
Samvara (aspect courroucé d'un bouddha) 140
Samyé Ling (Écosse) **155**, 157
Samyé (monastère au Tibet) **127**, 144, **145**
sangha (communauté bouddhiste) 41, **49**, 50, 68, **129**
  autorité établie au Tibet **127**
  l'un des Trois Joyaux 41, *78*, **101**, 102
  premières communautés européennes 156
  quatre assemblées du 74
Sanghamitta (sœur de Mahinda) 69
Saraha (Mahasiddha) 135
Sariputra (disciple du Bouddha) 40, 65
Sarnath (site du premier sermon) *35*, 161
Satipatthana Sutta 46
Schlegel, Friedrich von 152
Schopenhauer, Arthur 152-153
Sept facteurs de l'Éveil **27**, 51
Seung Sahn (maître Zen) 155
shakti (dans l'hindouisme uniquement) **137**
Shakyamuni Bouddha 107, 110, 118, 144
Shambhala (centres) 155
Shang-ti (divinité confucéenne) 83
Shingon (école japonaise) 106-107, **111**, 112, 122
  mandalas **107**
Shinran (disciple de Honen) **109**
shintô (sanctuaires) *101*, 165
shintoïsme 98, 100, **101**, **105**, **121**
Shiva (dieu hindou) *16*, *37*, 134, 141
Shobogenzo (traité de Dogen) **117**
Shogunat 98, 108, 112
Shomu (empereur japonais) 102, **103**
Shotoku (empereur japonais) **101**
Shotoku (impératrice japonaise) 102
Shri Yantra *143*
Shwe Dagon Pagoda *73*, *74*
Siddhartha Gautama *voir* Bodhisattva
siddhas 136, 135, **141**
siddhis 14-15, **15**
Siouen Li (empereur de la dynastie Han) *86*
skandhas 29, 46, 65, 146
Société asiatique du Bengale 150
Société théosophique **153**
Sogyal Rinpoché 155, 159, 166
Songtsen Gampo (roi tibétain) **127**
Soto (école Zen) 116-119, **154**, 166
souffrance *(dukkha)* 8, 10, 13, 18, 25, 28-29, 34, 108, 118
  causée par l'attachement 25, 27
  extinction de la 25
  libéré de la 27
  comme résultat du karma *30*
Soyen Shaku (moine Zen) 154
Stein, Aurel 80, **81**
stupas
  Amaravati 22, *55*, **145**
  Anuradhapura **69**
  architecture et *mandalas* 142, **145**
  Bodhnath à Katmandou 162-163
  Borobudur **77**
  Dhamekh à Sarnath 161
  Kantaka *cetiya 68*
  contenant les reliques du Bouddha 54, **55**, *68*
  Odong *71*
  Pagan 77
  Ruwanweli Dagaba *55*, 163
  Sanchi **11**, *48*, **145**, 161-162
  Sat Mahal Pasada 163
  Svayambhunath (Katmandou) 162-163
  Thuparama Dagaba *68*, 163
  voir aussi cetiya
Suddhodana, roi (père du Bouddha) 10, 12, *26-27*, **48**
Sukhavati-vyuha Sutras 92
Sumedho (rené comme Gautama) 23
Sutra en 8000 vers **65**
Sutra de la lumière dorée **101**
Sutra des rois bienfaiteurs **101**
Sutra des dix rois 92, 93
Sutra du cœur 64-65, 120
Sutras (discours du Bouddha) 54, **71**, 128, 136
Suttas voir *Sutras*
Suzuki, Daisetz T. 154
Suzuki-roshi (Shunryu) 154
symbolisme 81
  cloche **139**
  siège vide *20*
  empreintes de pieds *11*, *18*
  lions **59**
  du *mandala* 144-145, 146
  de la roue *11*, **31**
  union sexuelle **137**, 141
  stupas **55, 145**
  vajra **139**

T

Taira (clan japonais) 112
Tantra *26*, 106, 124, 128, 136, 140, 142
  dans le Vajrayana 138
  symbolisme 134-135, 140, 141, 142, 146
Tantras 136
Tao te King (Lao Tseu) 84
taoïsme 78, 82, 84, **85, 87**
Tara (déité féminine tantrique) *65*, **93**, **137**
Tarthang Tülkou **155**
tathata (telléité, siccéité) **62**, **97**, 120, **121**
Tch'an (école du bouddhisme) **62**, 63, 78, 94-97
  arrivée au Japon en tant

que Zen 112
déclarations iconoclastes 96
concepts Mahayana de bouddhéité universelle 113
doctrine non duelle 95
énigmes *(koung-an)* 96
et taoïsme 94
Tchang'an (capitale de la Chine ancienne) **85**, 86, **89**, 104
tombée aux mains des Huns **85**, 86
institut de traduction **89**
modèle de Kyoto 104
Tchao-tchou (maître Tch'an) 114
Tchih-i (fondateur de l'école T'ien-t'ai) 90
Tchouang-tseu 84
Telléité *(tathata)* **62**, **97**
Telléité *voir tathata* 120, **121**
temple de la Dent (Kandy) *69*
temples des grottes **81**, 162, 165
Tendai (école japonaise) 102, 104-105, 109, 110, 112
disputes avec l'école Hosso **105**
temple Miidera **105**
modelée sur le T'ien-t'ai 104
monastère du mont Hiei 104-105, 116
Tendzin Gyatso (XIVᵉ dalaï-lama) *130*, *144*, **159**, 167
Tenru-ji (temple japonais) **121**, 122, 165
Terre pure (bouddhisme de la) 17, 80
en Chine 92-93, 94
au Japon 108-109, **111**, 112
récitation du *mantra (Nembutsu)* 93, 109
libération sans *nirvana* 108-109
universalité du 92-93, 108, 109 *voir aussi* Amitabha
thankas (peintures tibétaines) **129**, *146*
That-byin-nyu (temple à Pagan) *76*
Thé (cérémonie, *cha-no-yu*) 112, **121**
Theravada (école du bouddhisme) 66-77
coexistence avec la religion populaire 66, **75**
moines et laïcs **73**, 74-75
en Amérique du Nord 155
ordination 74-75
schisme avec les Mahasanghikas 70
diffusion en Asie du Sud-Est 72, 76-77
à Sri Lanka 70-72, **73**
Thich Nhat Hanh 158, 166
Thuparama Dagaba *(stupa)* *68*, **69**
Tilopa (maître tantrique) 130, 135
tirthankaras 38
Todai-ji (temple à Nara) **103**, 165
Tourner la Roue du dharma *voir* premier sermon
traduction de textes **87**, **89**, **91**, 124
Tranquillité *(samatha)* 46, 139
transmigration *voir samsara*
Trente-deux marques d'un grand être **11**, 15
Tripitaka 54, **71**, **73**, 148
Triple corps du Bouddha *(Trikaya)* 62-63
Triple Joyau *(Bouddha, dharma, sangha)* 41, 78, **101**, 102, **129**, 139, **157**
Triple Refuge 41
Trisongdetsen (roi du Tibet) **127**
Trois caractéristiques de l'existence 24, 28-29, 139
Trois Joyaux *voir* Triple Joyau
Trois Secrets du Mantrayana 106-1071

U

Uddaka Ramaputra (maître de méditation du Bodhisattva) 14
Une recommandation universelle pour le Zazen (Dogen) 118
Union sexuelle 141
dans le Tantra hindou et bouddhiste *26*, 135, **136**
symbole de non-dualité 26, **137**
Upanishad 36, 44
Uruvela (lieu de l'Éveil) 20, 161

V

Vacuité des phénomènes *(shunyata)* **62**, 63, 65, 96, 119
et Esprit de Bouddha 95, **97**
dans le Tch'an 95
rapports avec le *Wou* taoïste **85**
exprimée dans le poème de Houei-neng **95**
et forme **121**
réinterprétée 90
Vairocana Bouddha **103**, 107, **111**
au centre des cinq dhyani-bouddhas 107, 133
Vajira **29**
vajra (symbole tantrique) 65, 139
Vajradhara (Adi-bouddha) *139*, 141
Vajrasattva *132*
Vajrayana (bouddhisme tantrique) 77, 106-107, 124, 133, 138-139
entraînement progressif 138
déités *yidam* 138, **141**
Varuna *64*
Vedas 36
Vessantara 23
Vie culturelle en Inde à l'époque du Bouddha **42**
Vinaya (premier *pitaka* du canon) discipline monastique 54, **71**, 74-75
dans les monastères tibétains **127**, 128, 130, 136
Vishnu (dieu hindou) **11**, *37*
Visuddhi-maga (Buddhaghosa) **73**
Voie médiane 18, 26-27, **35**, 40

W

Watts, Allan 154
Whitman, Walt 153
Wilkins, Charles 150

Y

Yama (dieu de la mort) 133
Yamantaka (aspect terrible de Manjushri) 141

yantras 136, 142, 143
voir aussi mandalas
Yab-youm 139
Yasa 40
Yasodhara (femme du Bodhisattva) 12, *13*
Yéshé Ö (roi du Gougué, à l'ouest du Tibet) **127**
Yi-Hsouen (maître Tch'an) 96
yidam (déité tantrique) 138, **141**
Yogacara *voir* Esprit-seul(ement)
yogis (maîtres de méditation) 14, 20
Youm 136, **137**
Young-kang (grottes du Shansi, en Chine) 165

Z

Zen (bouddhisme) 78, 98, 112-123
adopté par les samouraï 112, *120*
dans les arts 120-122, **123**
calligraphie 122, **123**
issus du Yogacara **62**
éthique 119
en Amérique du Nord 154, 155
en Europe 156
en France 158, 166
Quatre Grands Vœux **119**
méditation 112-113, 114, 117, 118-119, 120
jardins de temples 98, 121, 122, 165
voir aussi Soto et Rinzai
Zen dans l'art du tir à l'arc (*Le*) d'Eugen Herrigel 120
Zendo et la Voie blanche **108**

Crédits photographiques

L'éditeur remercie les photographes et les agences de l'avoir autorisé à reproduire les photographies suivantes dans cet ouvrage :

Abréviations
H haut ; **C** centre ; **B** bas ; **G** gauche ; **D** droite
AA & A : Ancient Art and Architecture Collection
BAL : Bridgeman Art Library
RHPL : Robert Harding Picture Library
V & A : Victoria and Albert Museum
PP : Panos Pictures

1 Alain de Gardmeur/PP ; **2** Jean-Leo Dugast/PP ; **7** Hutchison Library

Les premiers jours du Bouddha
8–9 Ann et Bury Peerless ; **10** Jean-Loup Charmet ; **11HG** C.M. Dixon ; **11HD** Ann et Bury Peerless ; **11B** Musée Guimet/RHPL ; **12H** Musée Guimet/e.t. archive ; **12B** Ann and Bury Peerless ; **13** Ann etBury Peerless ; **14** C.M. Dixon ; **15** V & A/Michael Holford ; **17B** J. Holmes/PP

L'Éveil
18–19 Cliff Venner/PP ; **20** AA & A ; **21** RHPL ; **22** National Museum of India, New Delhi/BAL ; **23A** British Museum/OMPB 13538 ; **24** RHPL ; **25** Ann et Bury Peerless ; **26** RHPL ; **26-27** British Museum ; **27** Hans Hinz ; **28-29** AA & A ; **29** RHPL ; **30** Hutchison Library ; **31** Hutchison Library

De l'Éveil à la mort
32–33 David Beatty/RHPL ; **34** AA & A ; **35** U Ba Kyi, Burmese Buddhist Temple, Singapour ; **36–7** Ann et Bury Peerless ; **38H** Ann et Bury Peerless ; **38B** AA & A ; **39** J.H.C. Wilson/RHPL ; **40H** British Library/OR12010/J ; **40B** National Museum of Bangkok/RHPL ; **41** Jean-Leo Dugast/PP ; **42** British Museum ; **42-43** British Museum ; **43** British Library/OR14298 F24-25 ; **44BG** Dr Nigel Smith/Hutchison Library ; **44BD** Jon Spaull/PP ; **45H** Joth Shakerley/PP ; **45C** Ann et Bury Peerless ; **46** Ann et Bury Peerless ; **47** Ann et Bury Peerless ; **48** Ann et Bury Peerless ; **49H** British Library/OR14298 ; **49B** British Museum/C.M. Dixon ; **50-51** Ann et Bury Peerless

Le bouddhisme ancien de l'Inde et le Mahayana
52-53 RHPL ; **54** Philip Goldman Collection/ Werner Forman Archive ; **55H** British Museum ; **55B** Hans Hinz ; **56** Hans Hinz ; **57** Jean-Leo Dugast/PP ; **58** Ann et Bury Peerless ; **59H** Michael Holford ; **59B** e.t. archive ; **60-61** J.H.C. Wilson/RHPL ; **62** British Museum/ Michael Holford ; **63** RHPL ; **64H** Ann et Bury Peerless ; **64B** AA & A ; **65** AA & A

Le Theravada et le bouddhisme méridional
66-67 Werner Forman Archive ; **68** C.M. Dixon ; **69H** RHPL ; **70H** Jean-Leo Dugast/PP ; **70B** C.M. Dixon ; **71H** J. Holmes/PP ; **71B** British Museum/OR5340 a & b ; **72H** RHPL ; **72BD** Graham Harrison ; **72BG** Graham Harrison ; **72–73** Graham Harrison ; **74** Jean-Leo Dugast/PP ; **75** Jean-Leo Dugast/PP ; **76** Graham Harrison ; **77H** B. Barbey/Magnum ; **77B** Graham Harrison

Le bouddhisme en Chine
78-79 AA & A ; **80H** British Museum/RHPL ; **81H** British Museum/C.M. Dixon ; **81BG** AA & A ; **81BD** Michael Holford ; **82** AA & A ; **83H** Jean-Loup Charmet ; **83B** Werner Forman Archive ; **84** Oriental Museum, Durham University/BAL ; **85H** e.t. archive ; **85B** Jean-Loup Charmet ; **86** Bibliothèque nationale, Paris/BAL ; **87** Bibliothèque nationale, Paris/BAL ; **88** British Museum ; **89H** British Museum/RHPL ; **89B** e.t. archive ; **90** AA & A ; **91** British Library/OR8210/S6983 ; **92H** British Museum ; **92B** British Museum/BAL ; **93** British Library/BAL ; **94** Freer Gallery/RHPL ; **95** Eisei Bunko Foundation, Tokyo ; **96** Museum of Antiquities, Stockholm/RHPL ; **97** Christie's Colour Library

Le bouddhisme au Japon
98-99 Images ; **100H** RHPL ; **100B** Hutchison Library ; **101** J. Holmes/PP ; **102H** Douglas Dickens ; **102B** British Library/OR764-60 ; **103** Werner Forman Archive ; **104H** AA & A ; **104B** S. McBride/RHPL ; **105** British Library/OMPB 16107.q.36 ; **106** British Library/OMPB 16006.e.30 ; **107** British Library ; **108** British Library ; **109** British Museum/RHPL ; **110** AA & A ; **111** British Library ; **112H** British Museum/ RHPL ; **112B** Douglas Dickens ; **113** e.t. archive ; **115** Eisei Bunko Foundation, Tokyo ; **116** Graham Harrison ; **117** RHPL ; **118H** RHPL ; **118B** Graham Harrison ; **119H** RHPL ; **119B** Graham Harrison ; **120** Hutchison Library ; **121H** Michael Holford ; **121B** Graham Harrison ; **122** Private Collection/Werner Forman Archive

Le bouddhisme au Tibet
124-125 RHPL ; **126** Gavin Heller/RHPL ; **127H** Michael Holford ; **127B** Philip Goldman Collection/Werner Forman Archive ; **128** Alain Le Gardmeur/PP ; **129** RHPL ; **130B** Neil Cooper/PP ; **131H** Felix Greene/Hutchison Library ; **131B** AA & A ; **132** V & A/e.t. archive ; **133** Oriental Museum, Durham University/BAL ; **134B** Ann et Bury Peerless ; **134-135** V & A/e.t. archive ; **135B** RHPL ; **136** V & A/Michael Holford ; **137** Jean-Loup Charmet ; **138** Chester Beatty Collection, Dublin ; **139CG** Philip Goldman Collection/Werner Forman Archive ; **139CD** Musée Guimet/Michael Holford ; **140H** AA & A ; **140B** V & A/BAL ; **141** Philip Goldman Collection/Werner Forman Archive ; **142** AA & A ; **143** Neil Cooper/PP ; **145** British Museum/Stein Collection/0173 ; **146** Oriental Museum, Durham University/BAL ; **147** Andy Weber/Tharpa Publications

L'arrivée du bouddhisme en Occident
148-149 Graham Harrison ; **150H** MEPL ; **150** Graham Harrison ; **151** Pali Text Society, Oxford ; **152** Musée d'Orsay, Paris/BAL ; **153H** Mary Evans Picture Library ; **153B** Mary Evans Picture Library ; **154** Los Angeles Zen Center, San Francisco ; **155** Tricycle Review, New York ; **157** Nigel Howard ; **158** DR ; **159** DR

Annexes documentaires
160 RHPL ; **162** Hutchison Library ; **165** Hutchison Library ; **166** Neil Cooper/PP

Tous les efforts ont été faits pour retrouver les auteurs des photos. Si, toutefois, certains n'étaient pas mentionnés, nous serions heureux de les ajouter dans les éditions ultérieures.

Les traductions du pali et du sanscrit sont de l'auteur.

POUR ANNA SAMARUNA KAMALA